WANN-CHLORE.

PARIS. — DE L'IMPRIMERIE DE RIGNOUX,
Rue des Francs-Bourgeois-S.-Michel, n° 8.

WANN-CHLORE.

*Una fides, unus Dominus;
Un même amour, un seul maître.*
St. Paul, aux Corinthiens.

TOME SECOND.

PARIS,

URBAIN CANEL, LIBRAIRE,
place Saint-André-des-Arts, n° 30;

DELONGCHAMPS, LIBRAIRE,
boulevard Bonne-Nouvelle, n° 3.

M DCCC XXV.

WANN-CHLORE.

CHAPITRE VII.

Les deux dames occupaient le fond de la calèche et Eugénie se plaça sur le devant à côté d'Horace ; le peu de largeur de la voiture et les cahots forçaient la jeune fille à effleurer souvent soit le bras, soit la chevelure de Landou, et alors Eugénie, silencieuse et troublée, éprouvait un sentiment voluptueux de ces douces pressions qui, chaque fois, lui apportaient de nouvelles pensées. La matinée était superbe ; l'horizon paraissait illuminé d'une lumière plus brillante qu'à l'ordinaire, et l'admirable tableau de cette vallée enchanteresse déployait à chaque instant les plus riches trésors d'une nature toujours harmonieuse et pittoresque. Ce voyage fut pour Eugénie la première sensation de vrai bonheur qu'elle eût jamais éprouvée.

— Quel beau matin! s'écria Landon après un long silence.

— Pour moi, répondit Eugénie d'une voix tremblante, cette matinée est une des plus belles de ma vie. Landon lui jeta un regard qui la fit tressaillir, et ses yeux devinrent humides de bonheur et d'espérance.

— Que voulez-vous dire, Eugénie? lui demanda sa mère avec un faux air de bonté.

— Jamais, maman, réprit-elle avec calme, jamais la nature ne m'a paru si pleine, si charmante, et cette campagne, ce voyage, ont pour moi un air de nouveauté qui m'étonne.

— Vous ne savez ce que vous dites, lui répliqua durement sa mère en lui lançant un regard qui lui imposa silence. Eugénie regarda Landon avec douleur, pencha la tête et se tut. Horace fut d'autant plus ému de cette soumission profonde, qu'elle se rapportait à ses présomptions de la veille : il admira Eugénie, et, dans la conversation qui s'entama sur le parc qu'ils allaient visiter, il eut soin de parler souvent à la jeune fille, en lui marquant une attention toute particulière. Madame d'Arneuse en fut choquée au dernier point, et, avant d'arriver à Cassan, elle avait déjà pris avec M. Landon un air de hauteur, de dignité et de froide politesse, qui semble dire : vous m'êtes insupportable. Landon, de son côté, persévéra dans les soins qu'il prodiguait à Eugénie. Alors la pauvre grand'mère tâcha de pallier les mots un peu sévères que sa fille commençait à lancer à Landon, qui s'en amusait trop pour ne pas les provoquer.

Horace avait eu soin de faire apporter un splendide déjeuner dans le magnifique pavillon chinois du parc de Cassan, dont il connaissait le propriétaire. La journée se passa en promenades dans ce lieu charmant, créé par un ancien fermier-général, qui y a déployé tout le luxe de la nature. En effet, les points de vue les plus pittoresques et la présence continuelle des eaux vives, rendent cette habitation un séjour divin.

Au détour d'une allée, Eugénie, voyant toute la mauvaise humeur que les attentions de Laudon amassaient dans le cœur de sa mère, s'approcha de lui, et dit à voix basse avec un accent plaintif : « De grâce, monsieur, ne me parlez plus; ma mère... » Elle ne put achever, une rougeur colora soudain son visage, et sentant son embarras s'accroître, elle se réfugia près de sa grand'mère, décidée à repousser dès lors tous les soins du jeune homme, sacrifiant ainsi son plus doux bonheur à la crainte de sa mère. Eugénie rejoignit madame Guérin au moment où madame d'Arneuse la quittait, après avoir tâché de lui faire partager ses nouveaux sentimens de haine pour Landon, et ses expressions avaient indiqué à la grand'mère combien cette aversion éphémère devait être profonde, et surtout quel orage s'élevait contre Eugénie.

On revint le soir, à pied, le long des bords de l'Oise; chacun était gêné; le silence régnait assez souvent. En effet, madame Guérin redoutant les incartades de sa fille, tremblait de voir monsieur Landon s'éloigner de leur société, et dans cette hypothèse, son boston perdu sans retour, l'occasion manquée de marier Eugénie, étaient deux idées suffisantes pour la tourmenter. Eugénie était comme ces passagers qui dansent sur le tillac en apercevant les nuages paraître à l'horizon. Madame d'Armence, irritée des petits événemens de la journée, hésitait entre le désir de voir encore Horace et la nécessité de le bannir de la maison; elle parlait peu, pensait beaucoup, et, comptant avec une sourde jalousie les regards que Landon jetait sur sa fille, sa fureur croissante lui conseillait d'éteindre cette terrible discorde en cessant de recevoir Landon. Quant à ce dernier, il se reprochait d'abandonner Eugénie à son malheur, sa conscience criait et... il écoutait sa conscience. Cette promenade fut donc toute méditative; chacun était en proie à un pressentiment différent, mais tous semblaient attendre un changement; et le calme de l'atmosphère, le bruissement des flots, les feux du couchant, l'air pur de la campagne, l'herbe même de la berge au-dessus de laquelle on marchait et qui assourdissait le bruit des pas, tout contribuait à entretenir ce silence d'inquiétude.

Horace trouva enfin le moyen d'amener la conversation sur son prochain départ; il parla d'abord des événemens politiques, de la chute de Napoléon, de la présence des étrangers, de l'arrivée des Bourbons, du retour de la paix, etc. Ses intérêts l'appelaient à Paris; il devait aller voir ses propriétés, reparaître à la nouvelle cour; enfin il annonçait à regret à madame d'Arneuse que, sans savoir l'époque de son retour, *demain même...*

A peine eut-il prononcé ce mot,

qu'Eugénie, qui marchait devant sa mère, s'arrêta ; et, se retournant, elle regarda Landon, en pâlissant tout à coup et retenant à peine ses larmes. A ce spectacle, sa mère, qui avait sans doute atteint le plus haut degré de l'impatience et de la jalousie, poussa brusquement Eugénie en lui disant d'une voix rauque de colère : « Voulez-vous qu'on vous marche sur les talons... »

Une grosse racine que la lueur du crépuscule empêchait de voir se trouvait aux pieds d'Eugénie, et heurtée à l'improviste par sa mère, elle se pressa d'avancer ; mais retenue par le pied, elle perdit l'équilibre et tomba de toute sa hauteur hors de la berge. En cet endroit le rivage formait un talus, le long duquel Eugénie roula jusque dans les flots, après avoir essayé à plusieurs reprises de se retenir aux pierres, au sable, aux bruyères qu'elle entraîna avec elle. On la vit lutter contre la mort, élever les mains au-dessus de sa tête déjà disparue, et bientôt elle ne laissa plus d'autres traces d'elle-même que l'écho du bruissement fatal, et un tournoiement bien vite effacé, mais répété par de longs cercles dans le lointain des eaux. A cette place même l'Oise, par malheur, se trouvait profonde, et son courant rapide.

Landon était à la nage, madame d'Arneuse évanouie et madame Guérin, versant de grosses larmes rares, tenait sa fille entre ses bras.

Madame d'Arneuse revint à elle

pour jeter des cris déchirans. Pendant que Landon plongeait pour trouver Eugénie, elle la demandait à sa mère et même aux paysans accourus au bruit. Elle semblait par ses clameurs accuser la nature entière d'une action qui prenait à ses yeux l'aspect d'un crime; et, en proie à un délire trop violent pour être naturel, elle s'avança d'un pas saccadé vers le gouffre, et le regarda d'un œil sec, mais égaré, comme pour réjoindre Eugénie en expiation de sa faute. Sillonnant alors son visage par des convulsions de douleur, elle effraya madame Guérin, et ce délire paraissait encore aiguillonné par la présence des spectateurs. On eût dit qu'elle tâchait d'attirer l'attention sur sa souffrance aux dépens du danger de sa fille. En effet, soit que cet accident reveillât dans son cœur une tendresse indélébile, soit que la dureté de sa conduite fût si évidente en cette circonstance qu'elle n'eût, pour se réhabiliter à ses yeux comme à ceux des autres, ou pour faire oublier son crime, d'autre refuge qu'un étalage de sensibilité outrée, soit encore qu'elle ressentît de véritables remords, et que ses yeux se dessillassent sur le passé, madame d'Arneuse parut en proie à un supplice d'autant plus cruel qu'elle avait l'habitude d'exagérer jusqu'à ses moindres émotions.

A ce moment, un nouveau bouillonnement des eaux annonça Laudon, qui parut au sein de la rivière, traînant Eugénie par les cheveux ; il souleva sa tête inanimée, la saisit d'une main par la taille, et nageant de l'autre, il fit tous ses efforts pour gagner le rivage, cherchant même des yeux un endroit propice à déposer un fardeau sous lequel il pliait déjà.

À la vue de sa fille, madame d'Arneuse, n'ayant plus de crainte, passa du désespoir délirant au désespoir pathétique : elle s'écria d'une voix moins effrayée : « Eugénie, Eugénie, réponds à ta mère! Ah ! messieurs, ajouta-t-elle en se retournant vers les paysans, c'est une fille unique, ma vie est attachée à la sienne, courez aider monsieur, courons !.. La sauverons-nous !.. Je meurs... » Madame Guérin, muette et pâle, était déjà arrivée à la place où Landon essayait d'aborder; la vieille grand'mère se laissa glisser à travers les ronces, et, pleurant de joie, tendit ses mains débiles qui, retrouvant les forces de la jeunesse, attirèrent Eugénie sur les roseaux.

A ce touchant spectacle, madame d'Arneuse descendit avec rapidité, enleva à sa mère l'honneur de ce dévouement, en saisissant Eugénie, et la transportant sur le haut de la berge. Là, elle jugea que le moment des larmes était venu; pleurant donc assez maternellement, elle s'empara de sa fille avec extase, la couvrit de baisers, arrangea ses cheveux en désordre, mit la main sur son cœur, et, le sentant battre encore, elle déclama les paroles suivantes : « Elle est sauvée !... elle respire ! Ah, que je suis heureuse ! Mon enfant, ouvre les yeux, regarde ta mère! me pardonneras-tu, mon Eugénie?...»

Madame Guérin défaisait adroitement la ceinture et le corset de sa petite-fille, et alors Eugénie, ouvrant faiblement les yeux, jeta autour d'elle un regard indécis, cherchant à reconnaître un libérateur que son cœur lui nommait par avance.

— Eugénie, c'est moi!... parle-moi, mon enfant; je t'aime! je t'adore! assieds-toi sur moi. Et madame d'Arneuse l'embrassait avec force, l'entourait de son schall, de celui de madame Guérin et la réchauffait dans son sein. A ce moment Eugénie, ayant encore une fois vainement cherché Landon, serra le bras de sa grand'mère avec force, et dit, d'une voix faible : « Ah, que je suis heu-

reuse d'entendre enfin ma mère !...
Sa tendresse me réveille !...

— Pauvre petite, comme elle m'aime ! s'écria madame d'Arneuse, se tournant vers les paysans, et recommençant à pleurer : voyez, elle reprend ses forces ! Mon Eugénie, vis pour être heureuse !

Le regard de la jeune fille semblait saluer la nature. Madame Guérin la contemplait avec inquiétude, et, comme elle, chercha des yeux où pouvait être Landon.

Pendant cette scène dramatique, il s'était, en sortant de l'eau, précipité vers Beaumont; et, quand on aperçut de loin sa calèche arriver et les chevaux couverts d'écume, on admira sa présence d'esprit et la bonté d'un cœur exempt de tout calcul.

Il vit madame d'Arneuse tenant sa fille entre ses bras dans une attitude étudiée. « Eugénie, souffres-tu ? lui disait-elle. Que sens-tu ? Ah ! la fatale promenade !... la cruelle journée !

—Mamère, répondit-elle, en regardant Horace, ne maudissons rien !...

Landon avait ouvert la voiture, et il aida madame d'Arneuse à porter Eugénie au fond de la calèche où, par les soins du jeune homme, on trouva tout ce qu'il fallait pour garantir Eugénie du froid qui devait la saisir. Madame d'Arneuse put alors déployer une minutieuse activité de soins plus ingénieux que tendres.

— « Tout cela me fait un mal !.. dit madame Guérin à Horace, mais à voix basse ; et le ton, le geste dont elle accompagna cette phrase incohérente, écrasèrent, aux yeux de tout le monde, la douleur éclatante de madame d'Arneuse. Landon donna l'ordre d'aller très-vite et l'on arriva en un instant à Chambly.

Lorsque Eugénie, couchée dans le lit de sa mère par sa mère elle-même, eut déclaré ne ressentir aucun mal pour le moment, Landon monta auprès d'elle pour la saluer avant de se retirer; alors elle le regarda en souriant avec douceur, et lui dit : « Vous ne partirez plus maintenant ! Ne serait-ce pas une cruauté que de se refuser à recevoir les témoignages de ma reconnaissance? »

Landon, s'asseyant auprès d'elle, garda le silence; il la vit inquiète de cette taciturnité, lui demander soudain en rougissant : — « Mais vous, monsieur..., n'êtes vous pas indisposé?.. On ne pense qu'à moi, et vous donc ?

Landon ne répondit que par un signe de tête très-significatif; et, après avoir entendu le médecin déclarer qu'Eugénie serait rétablie le lendemain même, il se retira, en saluant les deux dames avec une affectation cérémonieuse; quant à Eugénie, il lui dit adieu d'une voix émue. Après son départ, la jeune fille devint triste et rêveuse ; mais la fatigue qu'elle avait éprouvée la plongae bientôt dans un profond sommeil.

Madame Guérin saisit avec adresse le moment où sa fille tremblait encore des dangers que courait Eugénie, pour lui faire de légers reproches sur la manière dont elle se conduisait envers elle. La grand'-mère sortit même, dans cette circonstance, de son caractère, en osant prendre le ton qu'autorisaient son âge et sa qualité de mère. « Crois-tu, ma chère amie, disait-elle, que ta fille, qui a vécu comme au fond d'un puits, voie impunément M. Horace ? j'ai grand'peur qu'elle ne l'aime, alors nous devrions nous en assurer, et faire tous nos efforts pour la marier à ce jeune homme, c'est un bon parti !

— Jamais cet homme-là ne deviendra mon gendre, madame, je l'abhorre, je l'exècre, il m'est impossible de continuer à le voir... N'est-ce pas à lui que je dois le tort que je me suis donné envers cette pauvre petite? je jure bien de ne le plus recevoir chez moi.

— Mais si Eugénie l'aime, dites-moi, Sophie, que ferez-vous? La scène d'hier n'est-elle pas un avis! crois-tu que ma vieille expérience reste dupe de ce malaise qui a saisi ta fille au bosquet?

— Ma fille, répliqua madame d'Arneuse avec aigreur, ne peut et ne doit avoir d'autres sentimens que ceux inspirés par sa mère!... Elle est trop bien élevée pour qu'on interprète son malaise d'une manière si défavorable à son innocence. Si je l'ai grondée le soir, c'est uniquement parce qu'une jeune personne ne doit pas se trouver mal devant un jeune homme. Je tiens Eugénie sévèrement, mais c'est pour son bien; trop de douceur rend les enfans ingrats.

— Eugénie est très-sensible, répliqua madame Guérin, et vraiment quelquefois tu la fais souffrir.

— J'ai toujours tort, madame, mais, en cette occasion, vous me permettrez, avant de marier ma fille, de faire des réflexions. Nous avons eu assez d'un mariage de convenance...

— Ah! ma pauvre fille, ne te fâche pas, ne me regarde pas ainsi : voilà vingt ans que je pleure ce fatal mariage. Allons, soit, Eugénie n'aime pas M. Landon, je me suis trompée.

Madame d'Arneuse avait prononcé, en opposition au jugement de sa mère, qu'Eugénie ne pouvait pas aimer Landon, c'en était assez pour qu'elle persistât dans cette opinion, malgré l'évidence même. Elle s'endormit en pensant à sa fille, et à l'obligation qu'elle avait prise en elle-même de la traiter moins sévèrement.

Pendant la promenade faite à Cassan, le chasseur était venu passer la journée auprès de Rosalie et de Marianne. Ces deux chefs de l'intrigue avaient, long-temps à l'avance, désigné ce jour pour frapper un grand coup. L'honnête Nikel en était venu au point où le voulait Rosalie, car il accomplissait la prophétie de son ami le trompette, en s'apprêtant à faire toutes les sottises possibles. Par mille ruses, par mille phrases adroitement dites, par de douces promesses, on avait persuadé au chasseur de parler mariage à son maître.

— « Ah! avait dit Rosalie, M. Nikel a tant d'esprit!

— Il est fin comme un brin de soie, ajoutait Marianne.

— Vous faites tout ce que vous voulez de M. Landon, continua Rosalie.

— Il le retourne comme un gant! répétait Marianne.

— Alors nous saurons bien vite si nous ferons deux noces ici!... disait la soubrette.

— Ah! Rosalie, ma pauvre Rosalie! s'écria le chasseur, vous ne connaissez pas mon maître, il a des phrases et des regards pires que des boulets de canon! et... gare la déroute!

Le chasseur s'en retourna donc, chargé d'une mission délicate; mais enflammé par les éloges, aiguillonné par son amour-propre, il avait déjà cent fois médité, vu, revu, étudié la manière dont il entamerait l'action avec son maître. Lorsque Landon arriva chez lui, que Nikel l'aida à se déshabiller, le chasseur mit une feinte lenteur à faire son service d'habitude.

— Par saint Jacques! monsieur, il vous est arrivé quelqu'aventure, vos habits sont mouillés, comme une guérite.

— Tu l'as deviné, Nikel, je me suis baigné.

— Devant ces dames?

— Devant ces dames.

— Ah! voilà une fameuse incohérence... Bah! vous aurez sauvé quelqu'un qui buvait à la grande tasse! vous voilà bien!... Quelque jour vous laisserez le pauvre Nikel sans maître, et je hurlerai comme les chiens...

Landon garda le silence. « Ah ! j'ai deviné, continue Nikel ; vous aurez péché quelque pékin ! Au lieu de risquer votre vie à sauver des fantassins vous devriez bien plutôt sauver mademoiselle Eugénie.

— Que veux-tu dire ?...

— Ah ! je m'entends !...

— Voyons, parle...

— Mais, monsieur, tout le village répète depuis un mois que vous allez épouser mademoiselle Eugénie, que vous l'aimez... Elle a sans doute appris ce bruit-là, car elle vous aime aussi, monsieur ; Rosalie sait tout cela... Moi j'ai pris votre défense : j'ai dit que nous avions trop de fortune pour épouser une petite fille de campagne, gentille, c'est vrai, mais qui n'a que dix mille livres de reute à espérer; elle est malheureuse, c'est vrai; mais nous sommes heureux nous autres garçons; nous pouvons aller, venir, trotter, galoper, nous mettre au pas sans entendre de voix qui nous crie: « Tu vas trop vite, tu es trop lent, fais ceci, fais cela! »

— Cependant, répliqua Landon, ne cherches-tu pas à te marier?

— Moi, mon colonel, c'est vrai; mais Rosalie est, j'espère, tout aussi gentille que sa maîtresse et nos fortunes sont égales, nous n'avons rien; c'est le moyen de ne pas nous brouiller pour les intérêts; encore suis-je plus riche qu'elle, car j'ai un bon maître!.. ensuite, mon capitaine, nous ne pouvons pas toujours rester garçons, il faut bien finir par avoir une femme, et quand on en trouve une qui nous aime, comme disait le trompette Duvigneau, c'est comme le pain de munition, il faut toujours en avoir sur soi : — il est souvent dur, — c'est vrai, disait Duvigneau ; — il est noir, — c'est encore vrai ; — le froment n'y domine pas, — tant que vous voudrez, ajoutait Duvigneau ; mais que de fois nous l'avons trouvé avec plaisir en Égypte, en Italie, en Espagne, en Russie ; il est fidèle au havresac ; c'est l'ami du soldat ; et à la Bérésina on le vendait plus cher que de l'or. Duvigneau avait de l'esprit, mon général.

— Tu prétends qu'elle m'aime ? dit Horace d'un air rêveur.

— Rosalie en est certaine,. et... la pauvre enfant est bien malheureuse!

A votre place, mon général, je ne sais pas si... dame! ou n'en rencontre pas souvent d'aussi jolies; c'est doux comme un mouton, simple comme un conscrit de 1812, c'est constant comme une giberne : et nous voyez-vous tous les deux sur les gazons de Lussy, en Bourgogne, vous, faisant sauter vos jolis enfans, et moi des petits Nikel! Ma foi, vivent l'amour et M. le major ! comme disait Duvigneau. Pensez à cela, mon capitaine.

— Ah ! s'écria Landon, lorsque tout sentiment d'amour est éteint dans notre âme, qu'on ne peut plus répondre à celui qu'on inspire, ce serait une trahison que de laisser croître l'amour d'une aimable personne sans la payer de retour!

— Bah ! répliqua Nikel, en faisant claquer ses doigts jusque par-dessus sa tête, il n'y a pas qu'une femme pour nous dans le monde. Un lancier de mes amis disait que le diable nous destinait toujours trois mauvaises balles... Le bon Dieu peut bien nous réserver trois filles...

— Laisse-moi, dit Landon.

Les évenemens de la journée avaient disposé Horace de telle manière que les paroles du chasseur mirent le comble à son indécision. Il était en ce moment sous la puissance de ces mouvemens de bonté, qui nous influencent avec tant de tyrannie. Il arrive souvent aux âmes ardentes de s'emparer vivement d'une idée, de la mettre sous mille aspects différens, de l'étendre, l'amplifier, la grandir, et finir par en faire une espèce de monstre idéal qui domine les résolutions et auquel on obéit. C'est ainsi que, malgré son unique pensée, plus d'une fois son mariage avec Eugénie était venu dans son âme comme une idée importune, aussitôt chassée ; mais, cette fois, elle fut opiniâtre. Le malin Esprit, s'il est possible de le rendre coupable de ces révélations de l'avenir, lui montra mademoiselle d'Arneuse comme sa femme. Alors un combat intérieur commença dans son âme, où il s'éleva deux voix contraires qu'il écoutait en spectateur : la première s'opposait à ce mariage, en réclamant Landon tout entier pour une image sans cesse présente ; l'autre plaidait en faveur d'Eugénie, peignait le bonheur comme certain, une trahison d'elle comme impossible; elle promettait une reconnaissance sans bornes pour un libérateur, un amour inaltérable pour un protecteur; puis la bonté, la commisération parlaient; enfin, la jeune fille n'était-elle pas belle, charmante, etc.?

L'orage fut terrible, le combat animé, pénible; mais Landon écoutant la dernière voix qui, sans s'appuyer sur l'amour, était forte de raison, obéit à l'idée tyrannique du moment, et, au matin, il écrivit la lettre suivante à Eugénie :

Lettre de M. Landon à mademoiselle d'Arneuse.

« Mademoiselle, je me présentai, pour la première fois chez madame votre mère, attiré par la curiosité : on vous avait dépeinte à moi comme malheureuse, et malheureuse par votre mère. Je vous vis, vos traits annonçaient la souffrance, et moi aussi, mademoiselle, je suis au nombre des infortunés! Le besoin de trouver des compagnons me ramena près de vous. En contractant ainsi la douce habitude de me consoler de mes maux par le spectacle des vôtres, je m'intéressai fortement à votre sort; je vous voyais supporter la sévérité de votre mère avec la patience des anges, et cet aspect faisait sur mon cœur une impression profonde. Elle s'est accrue de jour en jour et je m'attachai à vous par le lien qui unit des citoyens à une même patrie. Hier un cruel accident est venu mettre le comble à ma douleur comme à votre martyre : loin de moi l'idée de diminuer en rien le respect que vous devez à vos parens; mais alors j'ai conçu l'idée de vous faire apercevoir, sur la route que vous parcourez, une brèche par laquelle vous pouvez fuir sans blesser aucune loi, même celle de la plus sévère bienséance. Je vous offre ma main, mademoiselle, c'est l'hommage du malheur au malheur; car telle est l'harmonie qui existe entre nous, et je ne me présente à vous qu'à ce titre d'infortuné : voyez si en confondant nos peines nous en allégerons le fardeau. Il répugnerait à ma délicatesse de vous promettre un cœur digne du vôtre; mais si vous ne trouvez pas en moi la vivacité d'une âme qui n'a point éprouvé d'orages, vous rencontrerez une paix inaltérable, une liberté douce, et peut-être sera-ce une tâche qui vous sourira, que de vivifier un cœur mort, de créer une nouvelle âme dans mon âme! Nous aidant l'un l'autre à gravir les sentiers de la vie, nous atteindrons le faîte de la montagne sainte, et... la colombe ne parcourut jamais la surface des eaux sans recueillir quelque branche verte. L'espérance ne vous reste-t-elle pas? et chez vous elle est si brillante, qu'un de ses rayons se reflétera sans doute sur mon cœur.

« Je suis, etc. »

Nikel reçut l'ordre de remettre cette lettre à Rosalie pour que mademoiselle d'Arneuse la pût lire secrètement. Alors le chasseur partit, croyant bien cette fois avoir converti son maître, il prit un air dix fois plus important et coudoya deux domestiques en traversant la cour. En route, son imagination se donna carrière : il décida l'époque du mariage d'Horace, réunit les deux maisons, s'en fit le *factotum*, épousa Rosalie, revint à Paris, et il était déjà dans l'hôtel de son maître, faisant sauter un petit Nikel sur ses genoux, quand il sonna à la porte de madame d'Arneuse.

— Victoire ! dit-il à Rosalie en l'embrassant.

— Eh bien ! eh bien ! voulez-vous finir.

— Victoire ! répéta le chasseur, en remettant la lettre avec l'injonction de la donner en secret à mademoiselle d'Arneuse ; va, Rosalie, tu auras de la peine à faire un sot de Nikel. »

Rosalie lui répondit par une jolie petite moue, et ce ne fut pas sans surprise qu'elle apprit le succès de ses intrigues.

CHAPITRE VIII.

Le lendemain, Eugénie se trouvant mieux, put se lever. Sa mère, dont elle était devenue l'idole en peu d'instans, l'accabla de soins et de prévenances. Ainsi Rosalie, qui jadis ne devait rendre aucun service à mademoiselle d'Arneuse, reçut l'ordre d'aller l'aider à sa toilette. Rosalie, ignorant l'aventure de la veille, sur laquelle chacun, dirigé par un sentiment de bienséance, garda le secret, fut grandement étonnée d'un pareil changement, et surtout de l'amitié subite que les deux dames témoignaient à leur fille. Alors la jolie Languedocienne monta précipitamment chez Eugénie, par trois raisons : d'abord elle était impatiente d'apprendre la cause de cet événement important, car la curiosité marche en première ligne; ensuite la lettre de M. Landon brûlait la poche de son tablier, et ce que Nikel venait de lui dire annonçait de bien plus grands événemens du côté du sud-ouest; enfin, son bon naturel la portait à complimenter sa jeune maîtresse du bonheur qu'elle devait éprouver à retrouver le cœur d'une mère.

—Mademoiselle, dit-elle en souriant et copiant l'air digne de madame d'Arneuse, je viens, par ordre de madame votre mère, *habiller mademoiselle*. Il paraît que vous êtes en faveur aujourd'hui ; pourvu que cela dure!

— Cela durera, Rosalie, je l'espère : de long-temps ma mère n'oubliera la journée d'hier!

— Qu'est-il donc arrivé, mademoiselle? dit la Languedocienne, en s'appuyant sur son coude, dans la même position de curiosité que Guérin a prêtée à la sœur de Didon.

— Il ne m'est pas permis de vous le dire, Rosalie; et, si vous avez quelque attachement pour moi, vous ne ferez jamais aucune tentative pour le savoir. Eugénie prononça ces paroles avec un air de bonté et tout à la fois d'importance qui ferma la bouche à Rosalie. Alors la femme de chambre glissa malicieusement sa main dans la poche de son tablier et en sortit la lettre de M. Landon. Elle la montra de loin à sa maîtresse qui rougit en se doutant bien d'où elle pouvait venir. Lorsqu'elle prit la lettre, elle trembla si fort que Rosalie ne put s'empêcher de dire : « En vérité, mademoiselle, vous l'aimez donc? »

— Vous vous trompez, reprit-elle en souriant, et je ne sais si je ne devrais pas porter cette lettre à ma mère!...

— Gardez-vous-en bien! Nikel m'a dit qu'elle était pour vous seule. »

Eugénie lut la lettre, pâlit, la serra dans son sein, et, silencieuse, descendit au salon où elle resta profondément préoccupée. L'agitation à laquelle elle fut en proie parut vivement inquiéter sa mère. Madame d'Arneuse fit remarquer soigneusement à madame Guérin combien de fois Eugénie changeait de couleur; que ses yeux s'arrêtaient avec insouciance sur le premier objet venu sans le voir et finissaient par se remplir de larmes. En effet, l'idée de devoir la main de Landon à l'aveu tacite des torts de sa mère révolta Eugénie. Flattée d'abord de l'offre contenue dans la lettre, elle découvrit bientôt que Landon n'était pas inspiré par l'amour en l'écrivant; et alors elle fut saisie d'un chagrin qui devait faire de cruels ravages dans son jeune cœur.

Pendant toute la journée, combattue par mille sentimens, elle flotta entre mille résolutions; mais au milieu de cet orage, son respect pour sa mère brilla comme un sombre éclair et moissonna les espérances de son amour, car le soir elle écrivit secrètement la lettre suivante à Landon :

Lettre d'Eugénie d'Arneuse à M. Horace Landon.

Monsieur,

« Vous êtes dans une grande erreur si vous me croyez malheureuse entre ma mère et ma grand'mère ; je les aime de toute mon âme, et ce sentiment seul me rendrait heureuse, même quand je ne serais pas payée de retour. Ces deux êtres chéris sont seuls à me protéger, à me guider dans la vie, et jamais, peut-être, ne serai-je tant aimée ! Tel faible, que vous paraisse le sentiment de ces amis si précieux, je serais heureuse qu'un époux répondît à la tendresse que j'aurais pour lui, par une amitié aussi douce, aussi profonde, aussi sincère. Enfin, monsieur, ayant été beaucoup dans le monde, vous avez dû voir déjà bien des familles affecter, devant les étrangers, une union qui n'existait plus dans l'intérieur : la nôtre, monsieur, est toujours la même. Ma mère, vive, prompte, exaltée, doit porter dans ses reproches la vivacité de son amour. Peut-elle changer de caractère pour sa fille? n'est-ce pas à moi de me conformer à ce qu'il a de sévère, en ayant d'autant plus de reconnaissance pour les douceurs dont elle m'honore, qu'elles vous paraissent rares, ce dont je ne m'apercevais pas; et vous me l'avez fait soupçonner!... Eh! monsieur, placés au-dessous de nos parens et naissant après eux, est-ce à nous à les juger? Admettons que ma mère soit sévère, ne peut-elle avoir de grandes raisons pour l'être? qui sait si je ne devrais pas être heureuse de cette rigueur, et voir qu'elle se fait violence pour en agir ainsi? Nous sommes faibles, nous sommes par la nature, et plus encore par vos lois, destinées à souffrir; le mariage, tel qu'on me le dépeint, est presque toujours un état d'obéissance passive; ma mère, mettant à profit son expérience, veut sans doute m'accoutumer, long-temps à l'avance, à cette carrière d'épreuves que nous devons toutes subir plus ou moins heureusement; et si j'avais pu blâ-

... ma mère maintenant, peut-être plus tard, quand elle ne serait plus là pour recueillir ma reconnaissance, verrais-je avec douleur les services qu'elle m'aurait rendus. Enfin, monsieur, vous l'avouerai-je? j'ai cru que votre lettre était un piége tendu pour connaître mon caractère. Est-ce bien celui qui excitait mon admiration toutes les fois qu'il nous entretenait de sa famille qui me pousse à calomnier la mienne?

« Quant à l'offre de votre main, je n'y ai pas arrêté ma pensée ; je dois attendre qu'un sentiment plus tendre me vaille un tel honneur, et votre lettre m'ôte l'espoir de le faire naître : si j'étais assez heureuse pour l'inspirer, ce ne serait pas à moi de répondre. Il est, monsieur, un sentiment qui vivra long-temps dans mon âme, c'est une reconnaissance éternelle pour vous. Il y a plus, cette affection est naturelle à mon cœur et je ne trouve point ni fatigue, ni devoir, à avouer que vous m'avez sauvé la vie. D'hier, vous êtes apparu à mon âme sous un nouveau jour, le lien qui m'enchaîne à vous est indépendant de toutes vos actions et de votre conduite : que vous restiez en ces lieux, que vous les abandonniez, que vous jetiez sur moi un regard d'amitié, ou que je vous sois indifférente, j'aurai toujours pour vous un peu de ce sentiment religieux accordé à notre créateur. Mon âme vous suivra partout, et de même que nous nous rattachons à un être qui se trouve par delà les cieux, ainsi, quelle que soit la distance qui puisse nous séparer, où vous serez, je tâcherai de deviner votre présence, pour vous rapporter quelques-unes de mes pensées. Si, dans la saison brillante où nous sommes, je respire une fleur : « Après Dieu et ma mère, je lui dois ce parfum ! » dirai-je avec plaisir. Oui, ma reconnaissance vous mêlera à toutes les actions de ma vie; et rien de ce qui pourra vous plaire ou vous attrister ne me sera indifférent. Souvent le soir, ah ! toujours même, lorsque je regarderai l'astre qui roule entre les nuages de la nuit, et que j'élèverai mes mains vers celui qui dispense les peines et les plaisirs de la vie, ma prière sera pleine de vous. Je suis heureuse, monsieur, d'avoir

eu l'occasion de vous adresser une
fois l'expression simple du sentiment
que je vous ai voué; mais si, en vous
répondant, j'avais outrepassé les barrières dont nous sommes entourées,
je compte sur la noblesse de votre
caractère et la bonté de votre cœur,
pour excuser cet élan d'une jeune
fille inhabile à voiler les mouvemens
de son âme.

    Eugénie D'Arnéuse.

Eugénie mouilla plus d'une fois
cette lettre de ses larmes, et quand
elle eut achevé, la pauvre enfant,
environnée du silence des nuits,
resta long-temps en proie à ce genre
de méditation dans lequel les pensées confuses et indistinctes se di-
rigent vers un être ou un but auquel
on ne voudrait pas songer; bien

qu'il remplisse toute notre âme. Cette rêverie, qu'on n'explique qu'en la comparant au bruissement des vagues qui semblent se surmonter les unes les autres sans but et arrivent cependant au rivage, appartient principalement à l'amour, qui en tire sa plus grande force. On se complait dans cette douce mélancolie et l'on en sort toujours plus épris de ce qu'on aime. Eugénie était comme satisfaite du combat qu'elle commençait avec Landon, cette lutte s'engageait au moins ; et, dans son cœur, elle espérait acquérir un puissant charme aux yeux de Landon, en cachant ainsi sa petite coquetterie sous le voile de l'amour filial. Néanmoins, elle discuta encore les moindres expressions de sa lettre, hésitant mille fois à l'envoyer; elle tâchait même d'en préjuger l'effet à venir par la multiplicité de ses suppositions; mais elle avait constamment plus d'espoir que de crainte : ne se trouvait-elle pas heureuse de voir une correspondance s'établir entre elle et Horace? Elle ne dormit qu'un instant et rêva mariage.

Le lendemain, Rosalie fut enchantée d'avoir à porter une lettre, aussi elle partit, légère comme un oiseau, chantant, riant; une lettre était pour elle un signe certain du succès : « Ennemi qui parlemente, disait-elle, n'est pas loin de battre la chamade. » Lorsque la fidèle Languedocienne revint, que mademoiselle d'Arneuse sut que Horace avait sa réponse et la lisait, de nouvelles terreurs l'assiégèrent :

« Il ne m'aimera jamais, se disait-elle ; il m'offre sa main, je la refuse !... Ma lettre est d'une dureté au commencement ! il s'en irritera : puisqu'elle est heureuse, dira-t-il, qu'elle reste avec sa mère. N'en aime-t-il pas une autre ? l'autre jour, son discours sur le disque de la lune me l'a bien prouvé... Pourquoi ai-je été si fière ?... Ne dois-je pas me contenter de l'amour que j'ai pour lui ?... Une fois que je l'aurais épousé, il lui aurait été impossible de ne pas me chérir ; j'aurais tout fait pour cela... maintenant, j'ai coupé mon bonheur dans sa racine ; il faut qu'il m'adore pour m'épouser !... » Quelquefois son cœur lui disait : « Il t'adorera ! » Enfin, tout ce qu'une jeune fille de vingt ans peut penser en pareil cas, elle le pensa, le commenta et le re-commenta mille fois.

Depuis qu'Horace avait offert sa main à Eugénie, les réflexions les plus contraires à ce projet étaient venues en foule à son esprit, par suite d'un caprice inexplicable de notre nature. Il se repentait avec amertume d'avoir cédé si étourdiment à son premier mouvement de bonté; il était triste, rêveur, et sa conscience grondait d'une action si peu en harmonie avec les sentimens de sa vie passée et de sa vie présente. Lorsque la lettre d'Eugénie arriva, il cherchait déjà les moyens d'éluder la fatale promesse qu'il avait faite. Il parcourut donc avec avidité cette réponse, et, quand il eut fini de la lire, il se sentit délivré du poids dont il était oppressé; il respira plus librement, et relut la lettre, semblable à un prisonnier qui se fait répéter plusieurs fois l'ordre qui le met en liberté, tant il a de peine à y croire.

Mais cette seconde lecture lui inspira un sentiment d'admiration pour Eugénie. A chaque ligne parcourue, il croyait entendre son doux organe; l'amour et la soumission y parlaient avec tant de délicatesse, qu'il n'acheva pas la lettre sans attendrissement; d'autres pensées l'assaillirent : Eugénie n'était-elle pas un ange de douceur? façonnée dès sa naissance au despotisme et à la crainte, quel danger pouvait-il y avoir à l'épouser? En se trouvant plus heureuse auprès d'un protecteur qu'au sein de sa famille, concourait-elle jamais la pensée de l'abandonner pour courir après d'autres plaisirs ? Elle était belle, charmante !... « Non, s'écria Landon, ce n'est pas elle qui trahirait son époux !... » Ces mots ramenèrent les cruels souvenirs de ses malheurs, et, après un combat déchirant, une réflexion terrible l'éclaira soudain : «*Elle* aussi, dit-il, paraissait aussi pure ; elle était plus belle, et j'en ai reçu bien d'autres témoignages d'amour ! Qui me répond de la constance d'Eugénie ?... Sais-je l'impression que produira le mariage sur son âme ? Il lui sera facile de rencontrer des êtres plus séduisans que moi !... Mais, ajouta-t-il, n'ai-je pas juré de ne me confier à aucune femme ? Irai-je hasarder une seconde fois ma vie sur l'être le plus frêle?... Nous...

L'arrêt était porté. Nikel attendait avec la plus vive curiosité l'effet que produirait la réponse d'Eugénie. Horace le sonna et lui dit d'aller chercher des chevaux de poste....

— Où monsieur va-t-il?

Horace lui répondit par un regard qui frappa la langue du chasseur d'une soudaine paralysie. Nikel avait été militaire; et, quand son maître commandait militairement, le maréchal-des-logis obéissait de même. D'ailleurs, il était incertain de savoir si le départ de Landon s'accordait ou non avec les projets du mariage; et quand il sut qu'ils allaient à Paris: « Nous allons chercher la corbeille, » se dit-il.

Landon ne tarda pas à partir, et

quand il sortit de Chambly, loin
d'en oublier les habitans, il emporta la plus vive inquiétude sur le
sort d'Eugénie. Un amour-propre
d'homme, difficile à expliquer, lui
faisait désirer de savoir l'impression
que son départ produirait sur elle.

Lorsque Landon passa devant la
maison de madame d'Arieuse, les
trois dames étaient dans le salon
dont les fenêtres ouvertes permirent
à Eugénie de voir le voyageur de la
calèche. « M. Landon part! » s'écria-
t-elle. Elle rougit et baissa la tête
sur son ouvrage, enveloppant sa
douleur dans le plus profond silence.
A ce moment, elle reçut une commotion terrible : sa vie entière était
comme assise sur cette tête chérie,
et, dans une seule minute, le bril-

lant édifice construit par son espérance, croulait avec fracas. Le chagrin entra dans son cœur pour le dévorer tout entier.

— Quel homme! s'écria madame d'Arneuse; il nous quitte sans s'informer seulement de la santé d'Eugénie! c'est un cœur bien sec et bien froid; je l'ai toujours dit.

— Ah! ma bonne amie, répondit madame Guérin, il peut avoir des affaires bien pressantes.

— Madame, il pouvait... il pouvait arrêter devant notre porte.

— C'est vrai, dit madame Guérin.

— Maudit soit le jour, continua madame d'Arneuse, où il est venu ici; car, depuis ce temps, voyez ce qu'il nous est arrivé; regardez comme Eugénie est pâle; tu souffres, ma chère enfant? l'air est trop vif. Rosalie, fermez les croisées; et toi, ma bonne petite, viens par ici, à côté de moi.

Eugénie vint appuyer la tête contre le sein de sa mère et y versa un torrent de larmes.

— C'est une crise nerveuse, dit madame Guérin; vite, de la fleur d'orange, vite, Rosalie, dépêchez-vous...

Lorsque la femme de chambre apporta le sucre, Eugénie, sans rien dire, refusa, par un mouvement de main, de prendre la cuiller: et tournant lentement les yeux sur sa grand'mère, sur sa mère, sur Rosalie, elle les effraya par le sentiment de douleur qu'on y lut; puis, gardant le silence, elle resta dans une morne tranquillité.

Depuis cette matinée, elle déclina chaque jour comme un lis frappé par une gelée printanière.

Elle prit le salon en amitié, car pour elle il était riche en souvenirs. Elle y voyait Landon dans tous les objets qu'il avait en quelque sorte marqués du sceau de sa prédilection : Horace, ayant ses manies comme la plupart des hommes, aimait singulièrement à tourmenter quelque chose entre ses doigts en parlant ; il venait presque toujours s'asseoir auprès de la travailleuse d'Eugénie pour s'emparer de ses ciseaux avec lesquels il jouait des heures entières : ils devinrent le sujet d'un culte, Eugénie ne permit plus à personne d'y toucher, et, sa douceur lui défendant de commander, elle usa de mille petites ruses pour les dérober aux yeux de madame Guérin ou aux demandes de sa mère. Le piano, qu'Horace ouvrait souvent, lui retraçait plus vivement encore le dieu de son cœur : n'en écoutait-il pas jadis les accords avec une mélancolie si attentive, qu'il semblait ne se rappeler le passé que par l'harmonie? et la pauvre fille, ignorant les terribles souvenirs attachés pour Horace à la moindre mélodie, avait attribué son goût à cet axiome qu'elle apprit de lui avec tant de plaisir : « Que les trois vertus des âmes tendres étaient l'amour, la religion et la musique. » Enfin, mille fois par jour, en voyant la porte du salon, elle tressaillit, se disant : « Que de fois il en a franchi le seuil, m'apparaissant comme une étoile dans la nuit ! » Ne fit-elle pas à la chaise qu'elle donnait toujours à Landon une marque visible pour ses yeux seuls, et cette chaise sacrée, devenue pour elle une propriété chère, n'était-elle pas une sainte relique? En regardant le salon, elle se disait : « Il le remplissait naguère de sa présence ; sa voix y résonnait; il s'y promenait ! » L'amertume du sentiment qui anima ces douloureuses pensées fit de tous ces objets des espèces d'ornemens funéraires, et du salon, une tombe.

Bien plus, Eugénie, en parlant, s'efforça de prendre les expressions favorites d'Horace, ses gestes, ses manières, ses attitudes; mille fois heureuse quand, après avoir retribu-

vé une de ses phrases, un son de
voix, un mot même, elle croyait l'entendre lui-même ; mais ces jeux terribles n'amenaient jamais qu'une
plus cruelle certitude de sa perte ; et,
la folie venant à s'emparer d'elle, elle
resta des heures entières dans une
effrayante immobilité, tâchant, à
force d'imagination, de revoir en
elle-même la figure de Landon : alors
ses cheveux couleur d'or pâle om-
brageant son visage, comme des
touffes de feuilles, une rose de Ben-
gale, ses yeux qui, malgré leur candeur, semblaient ceux d'une pro-
phétesse écoutant l'avenir ou saisissant une vision du passé, ses lèvres
dont la pâleur annonçait qu'elles ne
s'ouvraient qu'aux soupirs de la mélancolie, son attitude inclinée, tout

révélait un ange mécontent du terrestre séjour; elle semblait contempler la tombe avec ivresse, la voir comme un second berceau et dire comme le juste affligé : « Mon dernier soleil se lève ! » Son sourire était aussi rare que les beaux jours en hiver, encore avait-il une telle expression, qu'on le voyait avec peine errer sur ses lèvres décolorées, semblable aux dernières lueurs d'un crépuscule....

Le nom d'Horace ne passa jamais de son cœur à ses lèvres, et quand on prononçait ce nom chéri, détournant la tête avec adresse, elle dérobait sa vive rougeur aux yeux de ses deux mères, exagérant ainsi la pudeur et les soins délicats des jeunes filles pour leur premier amour.

Eugénie ne ressentit pas d'abord toutes les douleurs, elle aurait succombé, mais elles vinrent insensiblement : elle n'avait d'abord souhaité que de voir Horace, cette simple prière, ce premier désir d'un naissant amour ayant été exaucé, heureuse, elle n'avait jamais porté plus loin ses yeux timides ; n'était-elle pas en droit d'accuser le sort et de le trouver bien rigoureux de lui avoir enlevé ce modeste bonheur ? Mais elle souffrit bien davantage en raisonnant son amour : élevée dans une même rigidité de principes et d'une conscience timorée, elle regarda sa passion comme un crime, aussitôt qu'elle perdit l'espoir d'épouser Landon : cet amour était le seul qu'elle dût concevoir dans sa vie, elle le sentait immortel ; or si, comme tout le faisait présumer, elle se mariait un jour, quel sentiment apporterait-elle à un mari ? Ne le tromperait-elle pas toujours, en lui promettant un cœur tout à un autre ? Alors, sa rêverie était pleine d'amertume ! Venaient ensuite des délicatesses de sentiment, qui ne peuvent être comprises que par sympathie, et qui la tourmentaient sans cesse : les femmes, par la tendance des lois, étaient des créatures sacrifiées ! Un homme qui aime a mille moyens de prouver son amour, de franchir les distances, de renverser les obstacles, de vaincre les répugnances ; il commande l'amour par l'obstination, le dévouement, la patience ! Une femme, une fille, qui aiment et ne sont pas aimées, sont enchaînées; libres, elles triompheraient; garrottées par les mœurs, elles n'ont plus qu'à s'envelopper dans leur amour et mourir en silence !... Telles étaient ses méditations, et le mal s'étendait sourdement en elle.

Ces tristes pensées devinrent de jour en jour plus fixes dans son âme et lui emportèrent par degrés sa force et sa raison. Tantôt elle voulait entendre beaucoup de bruit et se mettait à la fenêtre pour voir passer les voitures; plus souvent, elle désirait la solitude et, restant le soir dans le jardin, elle consultait le ciel, en se demandant : « Où est-il maintenant? » Ainsi, livrée à une passion funeste, ses jours se passèrent avec rapidité, et emportant sa santé autrefois si brillante. Quelques semaines s'écoulèrent d'abord sans que les symptômes de son mal se découvrissent et devinssent alarmans ; il aurait fallu une attention très-soutenue pour s'apercevoir de la langueur d'Eugénie ; tout était gradué comme dans le dépérissement d'une fleur d'automne.

Ainsi cette jeune fille, accoutumée à garder le silence, ne parut pas sortir de son maintien habituel ; ni son dégoût pour la conversation ou quand elle mit de la langueur à toutes ses actions ; car la langueur allait à son genre de beauté et l'oppression dans laquelle elle vivait naguère donne toujours une espèce de tiédeur à la vie.

Cependant elle manqua bientôt

d'appétit et laissa des mets entiers sur son assiette, après avoir fait de vains efforts pour y goûter. Sa mère la reprit quelquefois, assez sévèrement encore, de ce qu'elle répondait rarement juste aux questions qu'on lui adressait. Quand elle essayait de marcher, elle semblait vouloir se ranimer; tout devint peine pour elle; son cœur paraissait la gêner; enfin, de jour en jour, tout prit à ses yeux une teinte de plus en plus indistincte, et la nature se couvrit pour elle d'un voile funèbre.

Le jour où sa mère s'aperçut qu'après avoir lu un livre tout haut Eugénie n'avait rien retenu, elle frémit d'inquiétude, et s'alarma d'autant plus, qu'Eugénie s'étant constamment appliquée à lui cacher sa maladie, elle en recueillit avec soin les symptômes qu'elle avait dédaignés d'abord, et, vus en masse, ils lui parurent effrayans.

Alors madame d'Arneuse, par suite de cette exagération qui lui faisait dépasser en tout les limites du vrai, vit Eugénie beaucoup plus mal qu'elle n'était: « Grand Dieu! disait-elle un soir à madame Guérin, serions-nous donc condamnées à perdre Eugénie! notre seul appui, notre seule consolation; un enfant si charmant, qui ne nous a causé d'autre chagrin que celui de sa maladie! et d'où souffre-t-elle? qu'a-t-elle?

— Tu ne veux pas me croire, répondit la grand'mère, quand je te dis que ta fille aime M. Landon.!!

— C'est bien aujourd'hui, s'écria

madame d'Arneuse, que l'on meurt d'amour !...

— Eugénie est très-sensible, et telle est la seule cause de son mal.

— Vous vous êtes mis cette idée-là dans la tête, reprit madame d'Arneuse, et vous y rapportez tout avec une ténacité inconcevable! Ma fille n'aime pas, elle ne peut pas, elle ne doit pas aimer sans l'aveu de sa mère...

— Allons, ma bonne amie, dit madame Guérin avec douceur, ne nous fâchons pas... tu sens bien que nous nous accordons à déplorer l'état affreux de notre fille, et nous pouvons bien penser différemment sur la cause; car enfin elle ne languit pas sans raison.

— La cause, répondit madame

d'Arneuse, est sa malheureuse chute dans la rivière, et si j'ai le malheur de perdre cet enfant-là je ne me pardonnerai jamais mon tort !

— Allons, s'écria madame Guérin, ne vas-tu pas te faire du mal ! tu me désoles, vraiment ; sois tranquille, nous soignerons si bien Eugénie qu'elle recouvrera la santé, surtout si M. Landon revient.

— Au nom de Dieu, madame, ne me parlez jamais de cet homme-là !... s'écria madame d'Arneuse ; Eugénie l'aimât-elle, il ne serait pas mon gendre ! »

Pour la première fois la mère et la fille étaient d'opinions différentes sans que madame Guérin sacrifiât son sentiment à celui de madame d'Arneuse ; aussi leurs soins, quoique concentrés sur Eugénie, se ressentaient de leurs idées. Madame d'Arneuse voyant les symptômes devenir plus alarmans ne douta plus que sa fille ne fût en proie à une maladie sérieuse et appela des médecins; alors sa sollicitude toute sèche, toute physique, tourmenta la pauvre malade par la stricte exécution des recettes et des ordonnances médicinales; tandis que madame Guérin, cherchant à guérir l'âme, tenait à Eugénie de consolans discours; et, sans vouloir deviner son secret, excitait son espoir en lui racontant une foule d'anecdotes où de jeunes personnes triomphaient de l'indifférence de leurs amans; et Eugénie, portant à ses lèvres la main de sa grand'mère, l'embrassait, préférant sa présence à celle de madame d'Arneuse.

Celle-ci, croyant sa fille à la mort, en fit une espèce de dieu dans la maison; son despotisme devint encore plus exigeant en s'exerçant en faveur d'Eugénie : il fallait respecter les moindres volontés de mademoiselle et imiter madame d'Arneuse dans l'exagération de sa douleur. C'était être indifférent que de ne pas se tordre les bras en apprenant qu'Eugénie avait passé une très-mauvaise nuit. Bientôt, l'aspect même du salon où Landon vivait tout entier pour Eugénie fut une émotion trop forte, et elle se résigna à rester dans son appartement. Sa mère, désolée, lui prodigua tous ses secours, épia toutes ses actions; mais rien ne put lui découvrir la cause d'un mal vainement étudié par les médecins. Cependant madame Guérin persistait dans son opinion en voyant sa petite-fille rougir alors qu'on lui lisait, pour la distraire, un livre où la passion de l'amour, dépeinte avec force, était représentée dans un état désespéré. Elle souriait même comme si, dans le livre, elle eût retrouvé un amie absente depuis long-temps.

Quand on lui demandait quelles étaient ses souffrances, elle répondait, en vous regardant avec des yeux pleins d'une vivacité qui ne s'accordait plus avec leur douceur : « qu'elle ne ressentait aucun mal, mais qu'elle était faible. »

La pâleur de ses joues, naguère si fraîches, commençait à devenir extrême, ses jambes pouvaient à peine la soutenir, et lorsqu'elle voulait marcher, sa mère et Rosalie étaient forcées de lui prêter le secours de leurs bras. Un matin d'été que le ciel sans nuages brillait d'un éclat céleste Eugénie descendit au jardin. En passant devant le salon elle voulut y entrer pour revoir son piano, par une de ces fantaisies particulières aux malades eu langueur. Soudain Rosalie s'élança pour lui éviter la fatigue d'ouvrir le piano. La femme de chambre avait déjà saisi la clef, tout à coup Eugénie, semblable à Blanche de Castille qui fit rendre à son enfant le lait qu'une dame de la cour lui avait donné, courut par un mouvement convulsif, prévint Rosalie, essuya avec l'air du dépit la clef qu'elle avait déjà profanée!... et avant de s'asseoir elle l'embrassa pour la puri-

fier, se disant : « Il a touché ce fer!...
qui sait si une parcelle de son âme
ne s'y est pas attachée?...» A cette
action qui dut paraître insensée,
puisqu'on en ignorait le motif, madame
d'Arneuse regarda Rosalie en
pleurant, et la Languedocienne remua
la tête comme pour dire : « Mademoiselle
est bien mal! » Eugénie
essaya de jouer, ses doigts trop faibles
ne firent rendre aucun son aux touches
d'ivoire, alors elle fondit en
larmes, promena ses yeux sur le salon,
sembla lui dire un dernier adieu,
et dès-lors elle n'y rentra plus. Le
mal était à son comble, elle mourait.

CHAPITRE IX.

Après avoir été témoin de cette scène, Rosalie rentra dans la cuisine, s'assit sur une chaise, et pleura; puis, regardant Marianne, elle s'écria : « Pauvre mademoiselle ! elle n'a plus long-temps à vivre. Est-ce malheureux que des êtres aussi bons s'en aillent de la terre ? En vérité, le ciel en est peut-être jaloux. Qu'est-ce que nous faisons nous autres ici-bas ?... Il vaudrait mieux que l'une de nous... A ces mots, ses yeux s'arrêtèrent sur la cuisinière dont le dos courbé annonçait qu'elle n'avait plus guère de jours à compter.

Marianne, qui balayait sa cuisine, s'arrêta subitement, et le regard qu'elle lança à Rosalie marquait un tel attachement à la vie, que la femme de chambre resta muette : « Il vaudrait mieux, reprit aigrement la vieille cuisinière, que personne ne mourût !... Elle est donc bien malade ? ajouta-t-elle en se radoucissant ? »

— Hélas ! le remède n'est pas facile à administrer, répondit Rosalie ; il me paraît certain que mademoiselle se meurt d'amour pour M. Landon, et c'est moi qui suis cause de tout cela, puisque je lui disais toujours qu'elle l'épouserait. A ces mots, elle fondit en larmes, et ajouta, en sanglotant : « M. Landon est parti, et je n'ai même pas vu Nikel, de manière que je ne sais pas ce qui se passe; mais cette manigance est sans doute causée par une lettre de mademoiselle.

— Une lettre de mademoiselle! s'écria Marianne; est-ce qu'elle écrirait à un jeune homme?

— Certainement, puisque c'est moi qui ai porté la lettre.

— Hé bien! reprit la cuisinière, il faut faire revenir M. Landon, en écrivant à M. Nikel. Je sais écrire dans les fines lettres, moi! mais vous me dicterez.

Rosalie tressaillit de joie à cette idée, et les deux domestiques employèrent toute la soirée à écrire au valet de chambre la lettre suivante :

Lettre de Rosalie à Nikel.

« Monsieur Nikel, je suis bien chagrine de ne plus vous voir; et je voudrais bien savoir si vous reviendrez ; car voici déjà deux jeunes gens qui me demandent en mariage ; cependant je n'ai guère le cœur à me marier ; car, outre le chagrin de votre absence, je pleure tous les jours, en voyant l'état désespéré de mademoiselle Eugénie, qui se meurt, on ne sait pas de quoi. Les médecins de ce pays-ci n'y connaissent goutte et disent que c'est la poitrine qui se prend; mais je sais que mademoiselle n'a jamais craché de sa vie, et sa maladie de langueur n'a commencé que le jour qu'elle a été à Cassan, d'où il y en a qui disent comme cela qu'elle aura attrapé une fraîcheur dans le parc ; moi qui garde quelquefois mademoiselle quand madame est trop fatiguée, je ne crois pas que ce soit une fraîcheur, parce qu'elle a les yeux si renfoncés et si brillans, que l'on voit bien que c'est plutôt quelque feu qui la mine sourdement. Ses doigts sont maigres, ses joues pâles, et son plus grand plaisir est de tourniller ses ciseaux entre ses doigts, comme le faisait votre maître. Si vous pouviez l'envisager une minute, vous ne la reconnaîtriez presque plus. C'est-y dommage que les belles personnes soient toujours celles qui s'en aillent ! Je souhaite, M. Nikel, que vous conserviez toujours votre bonne santé, et que

vous ne m'oubliez pas à Paris; car je
pense toujours bien à vous. »

Rosalie Granvalais.

Le jour où Rosalie mit cette lettre
à la poste, la pauvre Eugénie empira
sensiblement, et la fièvre, à laquelle
elle était en proie depuis long-temps,
prit un caractère plus grave ; il s'y
mêla un délire menaçant. Rosalie
était la gardienne de sa jeune maîtresse; car, en ce moment, les deux
dames étaient à dîner. Toute la journée, il avait fait une grande chaleur,
quoique le soleil eût été couvert par
des nuages. La fenêtre de l'appartement était ouverte, et le plus grand
silence régnait. La teinte du jour
avait cette couleur terne qui influe
tant sur nos idées. Eugénie semblait
reposer. Sa tête charmante conser-

vait, au milieu de la blancheur du linge, une autre blancheur, plus livide et que la couleur de ses cheveux de bistre rendait pénible à voir. Ses beaux yeux semblaient fermés par un double sommeil de paix et d'innocence, et ses longues paupières, en dessinant sur sa joue sans fleur un cercle noir, laissaient échapper un feu dévorant. Sa belle chevelure, arrangée à la vierge, se séparait sur son front en deux larges bandeaux d'or foncé, et son immobilité lui donnait l'apparence d'une sainte exposée à l'adoration des fidèles. Ses mains étaient jointes ; de ses lèvres pâles et entr'ouvertes s'exhalait, par intervalles inégaux, un souffle pur et harmonieux, que Rosalie écoutait avec une horrible peur. Tout-à-coup la jeune fille se lève en sursaut, et remuant la tête par des mouvemens convulsifs, sa blonde chevelure troublée retomba sur ses épaules d'albâtre dans un désordre pittoresque. Son regard contracta une sauvage énergie ; elle parut s'adresser à un être présent pour elle, et cette beauté pure, transformée en Ménade, dit avec une sombre fureur : « Quelque parfaite que soit la créature à laquelle tu faisais allusion quand nous avons regardé ensemble l'astre des nuits, elle ne t'aimera jamais plus que moi !... Oh ! reviens, c'est la seule faveur que je désire... Que je te voie avant de mourir !... que je te voie ! et je meurs heureuse !... heureuse mille fois !...

Rosalie, épouvantée, n'attendit

même pas la fin de ce discours délirant; elle descendit chercher madame d'Arneuse, qui apaisa sa fille, et la veilla toute la nuit, craignant à chaque instant que ce ne fût la dernière. Cette phrase, prononcée au milieu de son transport et devant la femme de chambre, fut la seule révélation qu'elle fit de son amour.

Aussitôt que Nikel reçut la lettre de Rosalie, il s'empressa de la communiquer à son maître. Depuis son retour à Paris, Landon avait été poursuivi par le souvenir d'Eugénie; une voix intérieure lui reprochait sa conduite envers elle, et souvent la noble et touchante figure de la jeune fille lui était apparue brillante d'amour et d'innocence, au milieu du fracas que firent à Paris la dynastie des Napoléons et celle des Bourbons se disputant le premier trône du monde. Obligé, malgré son insouciance, de prendre soin de sa fortune politique comme de sa fortune financière, Horace trouva une sorte de dissipation à reparaitre dans le monde, et il cherchait à s'étourdir en se plongeant dans les prétendus plaisirs de la capitale, lorsque la lettre écrite à Nikel vint réveiller les pensées qui combattaient au fond de son cœur pour mademoiselle d'Arneuse. Si son amour-propre était inquiet de l'effet que pouvait produire son absence sur Eugénie, son cœur fut vivement ému, en apprenant à à quel point il était aimé. La lettre trembla long-temps dans ses mains, et alors un nouveau combat eut lieu dans son âme. Rien n'en donnera mieux l'idée que la lettre qu'il écrivit à son tuteur, après être resté quelque temps dans la plus cruelle incertitude.

Lettre de Landon à M. Guérard, à Neuilly.

« Mon digne ami, l'habitude que j'ai contractée, et qui me sera toujours chère, de vous consulter dans les situations délicates de la vie, est le motif de cette lettre. Vous connaissez mon caractère, et ce que vous avez appelé *la furia Orabiana*. Votre âge, votre expérience des hommes et des choses vous mettent à même de prononcer; voyez donc avec impassibilité les faits et jugez en juge souverain, nous appel. Ma passion pour Wann-Chlore, la seule femme au monde que je puisse aimer, est née, pour ainsi dire, sous vos yeux ; vous savez donc jusqu'à quel point une âme comme la mienne peut concevoir un autre amour.

« L'horrible et affreuse trahison de cette fille tant aimée ne me laisse aucune ressource, aucun avenir ; j'avais, comme je le dis souvent, hasardé toute ma cargaison de bonheur sur ce vaisseau fragile, et le naufrage a été complet ; j'ai échoué, et la commotion a été si violente qu'elle m'a rendu comme fou ; j'ai été me confiner dans un village, ne voulant plus voir les hommes, détestant la vie, et regrettant même le passé. Dans ce village s'est rencontré une jeune fille que l'on peut dire belle, même aprè avoir contemplé Wann, une jeune fille que je me plaisais à voir, mais qui n'a jamais fait tressaillir mon cœur. Maltraitée par sa mère, elle m'a inspiré une sorte de pitié; j'ai conçu pour elle un sentiment difficile à définir; c'est une amitié de frère, un penchant à lui prodiguer tout ce qu'il y a de tendre, d'affectueux dans le cœur, hors cette brûlante et vive explosion qui, semblable à un torrent, s'échappe de l'âme et déborde sur la vie tout entière en donnant les plus grands plaisirs, les plus grandes peines. Ainsi, je puis marcher toute ma vie à ses côtés ou elle aux miens, elle ne me causera jamais de grandes joies, nous n'aurons jamais de grands chagrins; notre existence sera douce, fleurie même. Cependant comme je veux garder toute ma vie à Wann, bien que je la méprise, une place dans mon cœur; que dis-je, une place! est-il en mon pouvoir de la chasser d'un cœur qu'elle occupe avec tant de despotisme? lorsque j'ai vu l'abîme où m'entraînait ma liberté perdue, j'ai saisi une occasion que m'a présentée la jeune fille pour faire une prompte retraite, imaginant qu'elle aurait bientôt perdu tout souvenir de moi.

« Je me suis trompé, cette jeune enfant va mourir, et mourir d'amour pour moi; j'en ai la preuve. Sans doute, mon digne ami, vous rirez de voir votre élève exciter une passion semblable, et, adressée à tout autre qu'à vous, cette lettre paraîtrait dictée par fatuité.

« Il n'en est rien, je vous assure; d'ailleurs, vous connaissez trop ma simplicité pour croire qu'une pareille corde puisse vibrer dans mon âme. Ainsi, vous comprenez ce que ma position a de perplexe; Eugénie d'Arneuse possède tout ce que l'on demande à une femme : douceur, amour, soins délicats, elle est charmante; mais que lui apporterais-je en retour? un cœur flétri par le malheur, une fleur que la gelée a frappée, qu'un rayon du soleil levant a desséchée aussitôt. Pour elle je serai une espèce de statue impassible qui recevra ses caresses sans témoigner de plaisir ni de dégoût. Au fond de de mon âme vivra toujours Wann-Chlore et cependant tout me commandera le respect pour ma femme, l'amour même... et mon goût, ma passion primitive, accorderont tout ce qu'Eugénie mérite à un être absent qui en est indigne. Que faire?... n'est-il pas prouvé que Wann est perdue pour moi, qu'il faudra tôt ou tard avoir à mes côtés une femme à laquelle je puisse rapporter mes pensées. Que faire?... l'humanité ordonne d'épouser Eugénie, et l'amour me crie que lorsque je prononcerai un mot de tendresse devant ma femme j'aurai blasphémé!... Conseillez-moi, vous qui êtes loin de la scène du monde, vous qui avez attaché votre barque au rivage, et qui ne redoutez plus d'écueils. J'attends votre réponse, adieu!... »

Quelques jours après, M. Landon reçut la lettre suivante :

Lettre de M. Guérard à Horace London.

« Mon jeune ami, je vous ai répété souvent que vous aviez dans l'âme, plus qu'aucun autre, les principes du bien et du mal, c'est-à-dire que votre chaleur de cœur, votre activité de pensée, peut vous faire entreprendre les bonnes actions à l'égal des mauvaises ; qu'une passion vous lancera dans une carrière blâmable, sans que vous ayiez le temps de vous apercevoir de vos fautes. Il y a plus, en voyant même le danger et le crime pour arriver à un but souhaité, vous franchiriez les barrières. Je sais, moi qui vous connais, que vous n'en seriez pas moins bon et vertueux ; mais il n'y a pas beaucoup d'êtres qui vous connaissent et les hommes en masse ne sont pas bons. C'est ainsi que je regarde, comme un principe véritable, qu'un être méchant peut faire des actes d'une bonté sublime et un être bon se rendre coupable d'un crime. Heureusement, mon jeune ami, j'aperçois, pour toi, un port après l'orage. Si la jeune fille dont tu me parles dans ta lettre est telle que tu la dépeins, hâte-toi de te réfugier auprès d'elle.

« L'amour est une habitude, crois-moi; il naîtra chez toi pour ta femme: tu vas écrire un nouveau thème pour ta vie et tu utiliseras les belles qualités dont ton âme est pleine. Cependant la sévère probité a ses lois; ainsi, tu dois avant ton mariage examiner soigneusement ton cœur, et voir si l'image de Wann y est encore bien gravée : si cette charmante fille y règne au point de subjuguer tes volontés, alors raconte fidèlement ton histoire à mademoiselle d'Arneuse ; qu'elle sache parfaitement bien l'état du cœur sur lequel elle doit reposer. Lorsque, malgré ces confidences, elle t'aimera encore assez pour te confier ses destins, je ne vois pas que vous puissiez être malheureux. Crois ton vieil ami, et décide. Adieu. »

Cependant la pauvre Eugénie, comme une fleur chargée de trop de rosée et qui penche son calice vers la terre, arrivait à cette ligne qui semble séparer la nature morte de la nature vivante. Une effrayante apathie, une cruelle léthargie de sentiment obscurcissait cette figure où naguère un candide et pur amour perçait à travers la naïveté de l'enfance; si parfois une expression l'animait encore, elle faisait frémir, car le désespoir est horrible sur le visage d'une jeune fille. En proie à une douleur croissante, madame Guérin et madame d'Arneuse ne quittaient plus le chevet de leur enfant chéri, et, par une fatalité assez commune, elles découvraient alors toutes ses perfections; mais, à cette heure, elles la voyaient languissamment couchée sur un lit de misère, et leur espérance était comblée lorsqu'Eugénie, levant ses paupières, leur montrait, par un mouvement d'une horrible lenteur, des yeux ternes qui semblaient ne plus rien voir. Si par hasard elle souriait aux tendres soins dont elle était l'objet, il s'élevait alors, dans sa chambre, une joie qui aurait fait frémir un étranger; enfin, elle était arrivée à un tel degré de faiblesse que le moindre bruit lui causait une douleur affreuse; et tel était l'intérêt qu'elle avait inspiré dans le village, que les paysans venaient d'eux-mêmes étendre chaque jour de la paille devant la maison, et un jeune enfant se tenait en sentinelle pour prévenir les postillons de ne pas agiter leur fouet retentissant. Enfin la désolation silencieuse régnait avec tant d'empire dans la maison, qu'il semblait que la mort l'eût déjà prise sous ses ailes.

Un soir, au moment où le soleil d'été répandait cette mourante lumière qui, en glissant sur la terre, se brise contre les moindres accidens en multipliant ses feux et produisant les teintes les plus riches, que le calme de l'atmosphère, les premières ombres de la nuit, les derniers parfums des fleurs, la fraîcheur de la rosée font briller la nature d'un éclat suprême, car elle ressemble alors à une jeune fiancée marchant au lit nuptial, la pauvre Eugénie, trouvant une vague ressemblance entre le déclin de ce beau jour et le déclin de sa jeune vie, rassembla ses forces pour se lever, et, jetant un triste regard sur sa chambre en désordre dans laquelle se déployait un luxe tout médicinal, dit à voix basse : « Quel air ! quelle perspective !..

(elle qui ne se plaignait jamais!) Rosalie, je veux sortir!.. »

En effet elle parvint après de longs efforts à se mettre debout, et quand elle fut dans les bras de Rosalie, elle lui dit à l'oreille : « Je veux m'éteindre comme le soleil au milieu des champs... en plein ciel!.. » Heureusement la femme de chambre seule entendit, et seule, détournant la tête, pleura. — « Rosalie, ajouta-t-elle, comme il peut faire froid dans le jardin, donnez-moi cette robe que j'avais le jour où nous allâmes à Cassan avec M. Landon. » A ce mot, elle s'appuya plus fortement sur Rosalie, ses yeux jetèrent un feu passager, une vive rougeur colora ses joues blanches... Ce nom chéri sortait de sa bouche pour la première fois, et il lui semblait que sa voix allait trahir les souffrances de son cœur.

A ce moment, elle éprouva une sorte de résurrection dont la mort se sert comme d'une douce messagère. En effet, on dirait que l'homme, comme le cygne, recouvre, avant son dernier soupir, toutes ses forces pour saluer la vie et chanter à la nature un dernier hymne. Eugénie marcha; elle voulut descendre au salon; mais quand elle fut assise sur *sa* chaise, qu'elle regarda tour à tour le piano, les fenêtres, et qu'on ouvrit la porte, elle ressentit si bien cette délicieuse émotion qu'*il* faisait naître par *son* arrivée, qu'elle en éprouva une poignante douleur, et s'écria: « Voici mon dernier soir !.. »

Alors elle demanda, avec le despotisme des malades, à être transportée au bosquet où leurs cœurs s'entendirent, et resta, malgré les supplications de sa mère, à la même place où ils regardèrent cette étoile à laquelle elle s'était depuis si souvent comparée.

Elle contempla les cieux, et voyant la même planète briller d'un éclat vif et pur : « Nous ne nous ressemblons plus ! lui dit-elle ; que je serais heureuse si mon âme s'envolait chez toi, car il t'a regardée avec plaisir !.. » On la crut folle, surtout quand elle exigea qu'on la laissât dans la plus profonde solitude.

Un tendre crépuscule favorisa la vision d'amour à laquelle Eugénie fut en proie; car la campagne, presque obscure n'avait d'autre lumière que les doux reflets de *l'heure noire*, le silence le plus solennel régnait, et la lune, se levant à l'horizon, ne se montrait pas encore à Eugénie, qui put admirer son étoile chérie, sans qu'elle fût éclipsée par cet astre rival. Après un recueillement extatique, la jeune fille crut entendre la flatteuse voix qui ne cessa jamais de la charmer; et, s'abandonnant aux délices de sa vision, elle se livra tout entière à l'innocente joie d'avouer sa passion à la face du ciel et de tirer du fond de son cœur l'image qu'il renfermait pour l'admirer en toute liberté.

— « Je crois être pure, se disait-elle, et je n'ai pas une pensée qui ne soit pleine de *lui!..* Oui, c'est peut-être une consolation d'avoir vécu toute sa vie en un moment, et de descendre au tombeau comme les vierges du ciel... Que cette source est belle!.. O campagne! que tu serais mille fois plus séduisante s'il était là!.. » En prononçant ces plaintes fugitives, sa parole était plutôt un souffle harmonieux qu'une voix, et les sons erraient comme les échos des célestes mélodies. Insensiblement elle s'abîma dans sa rêverie et réunit toutes les forces de son âme abattue pour pouvoir se peindre Horace comme vivant à ses yeux.

Le jardin n'était déjà plus enveloppé que d'un réseau vaporeux de lumière, et Eugénie, levant les yeux au ciel pour contempler son étoile, parvint au dernier degré de l'extase. Elle se sentit comme en pleine santé, par l'effet de cette vigueur inconnue que nous impriment une méditation ou une volonté forte, qui nous détachent en quelque sorte de nous-mêmes et nous ravissent des mondes positifs vers le monde idéal. Elle vit de ses yeux Horace comme au premier jour qu'il vint: ses cheveux bouclés paraissaient au-dessus de son front comme une flamme céleste; il lui souriait, et Eugénie l'apercevait comme un objet vu de loin: ses formes étaient plus pures, il avait la grâce et la perfection que prêtent l'antiquité ou l'éloignement à un caractère; elle donnait à son visage l'expression d'amour qu'elle lui avait souhaitée; elle écoutait sa respiration, lui tendait les mains, pleurait de joie à cette ombre, sortie de son âme comme par magie, et retenait sa pénible haleine de peur qu'elle ne rompît le charme de cette apparition... Tout à coup le feuillage du bosquet remue, le frémissement des feuilles agitées répand dans l'air les sons ondulés d'une eau poussée vers sa rive par les zéphyrs, et Eugénie effrayée, n'osant croire ni à son illusion ni à la vérité, s'écrie : « Le voici !.. le voici !.. »

Madame d'Arneuse, madame Guérin et Rosalie, cachées à quelques pas dans un bosquet, épiaient la jeune fille, à son faible cri, elles parurent aussitôt et la trouvèrent évanouie dans les bras de Landon. Sa tête reposait sur le sein d'Horace, et cette pâle figure, au milieu d'une forêt de cheveux épars, ressemblait à une statue de marbre blanc couchée parmi les feuilles de l'automne.

Les yeux noirs de madame d'Arneuse lancèrent un farouche regard à Landon auquel elle arracha sa fille, en s'écriant d'un ton rauque : « Vous lui avez donné la mort ! » et elle disparut suivie de la femme de chambre.

Landon suivit avec inquiétude madame Guérin qui, par un geste amical, cherchait à pallier le reproche tragique de sa fille ; elle emmena le jeune homme au salon, et là, elle lui raconta la maladie de sa petite-fille, tâchant de lui peindre adroitement l'amour dont elle supposait Eugénie victime. Landon paraissant à la vieille grand'mère le meilleur médecin d'Eugénie, elle essaya de le mettre dans la nécessité de s'expliquer; car elle avait assez de finesse pour deviner que son retour inopiné donnait quelque espérance; et pour être la première à connaître ses secrets sentimens, confiance dont les grand'mères sont jalouses, elle finit en lui disant : « Hélas ! monsieur, je suis restée votre seule protectrice, car vous avez inspiré à ma fille une répugnance que j'ai vainement combattue ! »

Landon écouta ce discours si flatteur pour lui, en admirant la chaste fierté de cette jeune fille, qui avait eu le courage de se garder à elle-même le secret de son amour, et il s'applaudit de sa résolution, en découvrant de si nobles perfections à

Eugénie. Colorant alors son absence par une fable, il remercia madame Guérin et termina en lui disant : « Votre bienveillance me sera d'autant plus précieuse, madame, qu'elle m'aidera sans doute à vaincre les obstacles que l'éloignement de madame d'Arneuse pour moi pourrait opposer à un dessein que je me trouve heureux de vous confier : en demandant par votre intermédiaire la main de votre petite-fille, ma proposition sera peut-être reçue favorablement.

— Monsieur, répondit madame Guérin, en cachant avec peine sa joie, vous sentez que je n'ai aucun droit à disposer de ma petite-fille ; mais, dit-elle, en lui lançant un sourire plein de grâce, je puis vous promettre mes soins et vous donner beaucoup d'espoir.

— Madame, lui dit Horace en lui baisant la main, j'ose vous regarder, dès ce soir, comme ma mère,... » et il se retira, laissant madame Guérin en proie à un bonheur qui la suffoquait.

En effet, un secret étant la chose la plus lourde que la bonne dame pût porter, elle ne tardait jamais à s'en débarrasser ; elle monta donc bien vite à l'appartement de sa petite-fille où elle trouva madame d'Arneuse, déclamant contre Horace.

— Il est venu chez moi, disait-elle, de la manière la plus indécente ! . a-t-il pas failli causer la mort de ma chère fille par la peur qu'il lui a faite?... N'est-ce pas, ma bonne petite ? ajouta-t-elle en se tournant vers Eugénie. Je suis sûre que tu te trouves à la mort !

Eugénie laissa échapper un léger sourire, précurseur de la vie.

— Va, continua sa mère, je te promets que ma porte lui sera fermée, comme à l'auteur de nos maux, et nous ne le reverrons plus, j'espère.

Madame Guérin, tout étonnée de cette sortie, ne savait plus si elle devait annoncer sa nouvelle; néanmoins, après plusieurs signes faits secrètement à sa fille, elle parvint à l'emmener au salon, où elle lui découvrit le brillant avenir qui se préparait pour Eugénie.

— Comment! s'écria madame d'Arneuse, M. Landon ne pouvait-il pas m'instruire la première de ses intentions ? il me semble que c'est à une mère...

— Aussi, ma chère amie, compte-t-il bien t'en parler... Vas-tu t'offenser d'une confidence...?

—Quand il m'aura fait sa demande, madame, je verrai ce qui sera convenable de répondre... Eugénie n'est guère éprise de lui, et d'ailleurs la pauvre enfant n'est pas dans un état qui permette de lui parler de mariage.

— Une pauvre demoiselle, répliqua la grand'mère, souvenons-nous en, ma chère, aime toujours un pareil entretien...

— M. Horace est fort riche, dit madame d'Arneuse.

— Il est très-aimable, ajouta madame Guérin.

Madame d'Arneuse ne répondant pas, la gand'mère hasarda en faveur de son protégé, un éloge qui fut entendu sans répugnance et la conversation continua. Alors, soit que le ressentiment de madame d'Arneuse s'éteignît à l'aspect de la fortune de Landon, soit que cette haine ne vînt que d'un dépit secret, soit qu'elle embrassât avec ardeur l'idée séduisante de recouvrer sa liberté en mariant Eugénie si avantageusement, en moins d'une heure, Landon redevint son héros. Sur-le-champ la marquise, avec une incroyable vivacité d'imagination, imposa à ses enfans leur avenir : ils passeraient leur vie à la ville et à la campagne; Eugénie, peu faite à diriger une grande maison, à faire les honneurs d'un salon, à recevoir dignement, lui laisserait la conduite de son ménage; et madame d'Arneuse, regardant Horace comme un sujet de plus dans son empire, s'admira, guidant ces deux enfans à travers les défilés de la vie, se mit en tiers dans leurs pensées, se regarda comme l'âme du ménage; elle mènerait enfin une existence à son goût, en reparaissant dans le grand monde entourée du brillant cortége de l'opulence et protégeant son gendre de l'éclat de sa noblesse. Cette union était convenable, dans sa position c'était un bonheur, enfin sa tête s'enflammant, elle raffola d'un projet si enchanteur, et perdant, tout-à-coup la mémoire du présent, elle monta précipitamment chez sa fille, renvoya d'un air mystérieux la femme de chambre, et, s'asseyant au chevet de la malade :

— Ma chère enfant, dit-elle d'une voix qu'elle tâchait de rendre mielleuse, comment te sens-tu?

— Oh! bien mieux, ma mère, je réponds de ma santé !... répliqua Eugénie, surprise de l'air diplomatique qui régnait sur la figure de sa mère.

— Alors, ma petite gentille, continua madame d'Arnêuse, en essayant de donner à son profil romain un air folâtre qui *criait* avec la rigidité de ses traits; mon amour, j'ai à t'entrenir d'une affaire très-importante, écoute moi bien : je t'ai élevée de manière à laisser ton cœur dans une indifférence précieuse pour les femmes, tu le sauras un jour !... (ici elle leva les yeux au ciel,) et je crois, ma pauvre petite, avoir complétement réussi. » Eugénie rougit. « Il s'agit d'un mariage pour toi... Je viens te consulter, car je ne suis pas de ces mères à te dicter, comme tant d'autres, mes volontés... J'ai toujours été bien douce envers toi et tu pourras choisir ton mari en toute liberté, je t'assure... Nous avons jeté les yeux sur un jeune homme et tu nous diras ton sentiment... »

— Oh, ma mère! s'écria Eugénie en proie à une terrible angoisse, voulez-vous me marier malade comme je le suis?... songez que je n'ai aucune expérience...

Comment, Eugénie, vous avez de la répugnance pour le mariage! vous croyez-vous d'une beauté et de fortune à trouver des prétendus tous les jours?... Vous êtes jeune, tâchez de l'être long-temps!... Quant à votre ignorance, soyez certaine que mes conseils ne vous manqueront jamais.

— Ma chère maman, dit Eugénie les larmes aux yeux, j'aime mieux rester toujours votre compagne.

— Nous ne nous séparerons pas, mon enfant.

— Je n'ai pas encore dix-sept ans...

— Comment, Eugénie?.. vous vous opposez à un établissement honorable! Au surplus, reprit madame d'Arneuse, en jetant à sa fille un regard dont la sévérité la fit frémir, c'est votre affaire, comme je vous l'ai dit; mais il me semble que M. Landon est...

— M. Landon!... s'écria la jeune fille, en versant tout-à-coup un torrent de larmes, et restant comme évanouie sur sa couche.

— J'en étais bien sûre, dit madame d'Arueuse à madame Guérin ; vous voyez, madame !... avais-je raison en soutenant qu'elle le haïssait ?...

— La pauvre petite, répondit la grand'mère étonnée, s'il lui était indifférent !...

— Ah! s'écria madame d'Arneuse, elle s'y accoutumera ! Comment ai-je fait, moi ?... Et, aussitôt qu'elle se portera mieux, nous verrons à... Elle s'arrêta au bruit que fit Eugénie en se retournant. Madame d'Arneuse vit sa fille lui sourire à travers les larmes et l'amour perça dans ses yeux comme le soleil parmi les nuages.

Une joie, mêlée de pudeur, parut confusément sur ce pâle visage, et la jeune fille, palpitante, dit en balbutiant : « Ma mère, ce ne sont pas des larmes de chagrin,... j'éprouverai de la douceur à vous obéir, si...

— Aimeriez-vous M. Landon? demanda madame d'Arneuse interdite.

Eugénie baissa les yeux, rougit et garda le silence.

— Comment! s'écria sa mère en lui lançant un regard fixe et impérieux, comment, Eugénie, vous aimiez M. Landon, sans m'en avoir rien dit, sans me consulter !... Vous avez manqué de confiance en moi!... vous connaissez bien peu mon cœur et vos devoirs;... mais c'est une trahison !... Je vous laisse, mademoiselle, vous vous marierez bien sans moi!...

— Que fais-tu, s'écria madame Guérin? Ne te l'avais-je pas dit?... Vas-tu gronder ta fille?... Vois, elle se trouve mal!... Eugénie,... ma petite, ce n'est rien, tu l'épouseras: *il t'aime!...*

A ce mot magique, Eugénie regarda sa grand'mère d'un air presque stupide; de nuance en nuance son visage vint à sourire; elle leva les yeux au ciel et des larmes de bonheur sillonnèrent ses joues. Elle aurait voulu se mettre à genoux et prier... Elle prit la main de sa grand'-mère, la serra contre son cœur palpitant; et, alors, madame d'Arneuse calmée s'approcha du lit, regarda sa fille, et, vaincue par l'aspect imposant de son bonheur, elle lui pardonna.

L'espérance et la joie descendirent à tire d'aile sur cette maison, qui naguère était plongée dans le malheur.

L'arrivée de Landon ressemblait à ces apparitions du soleil qui, dans le mois de mars, chasse du ciel de noires montagnes de nuages par un seul de ses regards, et fait succéder l'azur le plus pur au manteau grisâtre des orages. Eugénie s'abandonna joyeusement à l'amour, madame d'Arneuse complota son avenir, madame Guérin remercia Dieu du bonheur qu'il lui envoyait sur ses vieux jours, Rosalie se regarda comme la plus habile soubrette du royaume et chacun, faisant mille projets, attendit le lendemain avec une vive impatience.

CHAPITRE X.

—

Le lendemain, M. Landon, persistant dans ses projets de mariage, se présenta et fut reçu avec un cérémonial inouï : lorsqu'il entra, madame d'Arneuse, quittant à peine sa bergère, lui montra d'un air solennel une chaise qui se trouvait à côté d'elle. Après quelques propos insignifians, Horace fit sa demande, et sa future belle-mère, avec un ton moitié familier, moitié hautain, lui répondit qu'elle n'apercevait aucun obstacle à cette union ; et, qu'après avoir satisfait à tout ce que *des gens comme il faut* exigeaient d'un gendre, ce serait à lui à obtenir le consentement de mademoiselle d'Arneuse.

— Vous sentez, monsieur, dit-elle, que je laisse ma fille parfaitement libre... mais Eugénie est susceptible de s'attacher beaucoup; elle est d'une douceur d'ange; elle est un peu musicienne; je l'ai parfaitement élevée; elle peut devenir une femme brillante, et, quoiqu'elle ne soit jamais sortie de Chambly, elle sera très-bien placée dans un grand salon: ayant été moi-même à la cour autrefois, car... j'y fus présentée précisément en 89; j'ai eu soin de lui donner des manières distinguées,... elle est tout-à-fait bien. Alors elle trouva l'occasion de prononcer son propre éloge en voulant faire celui d'Eugénie.

Essayant de prendre un petit air d'autorité maternelle mêlé de familiarité, elle lui tendit la main, et Landon embrassa sa mère d'adoption avec cordialité. Madame d'Arneuse, fière de cette marque d'amour filial, tâchait d'étendre déjà son empire sur son gendre, mais son masque de grandeur ne tint pas long-temps. En effet, Landon lui dit avec familiarité que la noblesse ancienne reprenant ses titres en vertu de la Charte que Louis XVIII venait d'octroyer, il était redevenu duc de Landon...

—Comment, monsieur... vous seriez le chef de cette noble et illustre maison... qui... La joie lui coupa la parole et tout à coup elle regarda son gendre avec respect.

— J'imagine, madame, qu'une telle bagatelle vous importe fort peu, dit Horace, quant à moi, noble ou plébéien ce m'est tout un...

— Oh! monsieur, je pense comme vous : une fois que nous possédons ce frêle avantage, on le méprise; c'est comme jadis notre pauvre académie, tout le monde voulait en être, et une fois admis vous n'y mettiez pas le pied; mais mademoiselle d'Arneuse, monsieur, ne fera pas rougir vos ancêtres...

— Ah! madame, je tiens si peu aux honneurs, ajouta Landon, que je me permettrai de vous cacher tous les miens, jusqu'à ce que je sache quel usage j'en dois faire dans la nouvelle situation politique où nous nous trouvons...

Ainsi Landon fut reçu comme l'amant d'Eugénie à la fin de l'été, et depuis l'hiver précédent la jeune fille l'adorait au fond de son cœur. L'opulence, l'amour, la jeunesse, la beauté, s'unissaient pour leur tresser une couronne de bonheur et l'orner des fleurs les plus brillantes.

Bientôt Eugénie, simplement mise et soutenue par sa grand'mère, entra au salon. Elle connaissait le mystère de cette entrevue, aussi rougit-elle, et, n'osant même plus lever les yeux, elle s'assit en silence, après avoir fait à Landon un salut plein d'embarras. Celui-ci lut, avec un bonheur mêlé de peine, les preuves d'amour écrites sur le front d'Eugénie : elle était maigre, ses doigts étaient effilés, ses joues un peu creuses, ses yeux renfoncés; mais l'amour qui brillait à travers ces signes de dégradation rendit moins pesant à Landon l'engagement qu'il venait de de prendre de la rendre heureuse; il tressaillit même lorsqu'Eugénie parla, car sa voix eut alors un caractère de mélodie qui allait droit à l'âme.

— Croiriez-vous, dit-elle, que vous m'avez fait peur hier!..

A ce moment, elle pensa qu'il était là, qu'elle ne le perdrait plus; et, pliant sous le bonheur, elle versa de douces larmes qu'elle essaya de cacher; mais Landon les aperçut, et son cœur ému d'un sentiment qui ressemblait beaucoup à l'amour, parut oublier, pour un instant, l'image sublime de Wann-Chlore: il regarda Eugénie, et cette fois elle se crut aimée : « Je me nourrirai donc en paix de sa chère présence, » se dit-elle. Et la gentillesse, la gaîté de l'amour, parurent sur son visage.

Lorsque Landon se leva pour partir, elle le suivit des yeux comme une hirondelle suit le premier vol de ses petits, et long-temps elle écouta le bruit de ses pas. Elle contempla le salon qui maintenant semblait revivre et se parer d'une beauté nouvelle, soupira doucement, regarda la chaise qu'il venait de quitter et se jeta dans le sein de sa mère, comme pour y verser une sensibilité dont la force l'étouffait.

L'événement de la veille, loin d'abattre Eugénie, lui avait sur-le-champ donné de la vigueur; car dans ces sortes de maladies la santé semble être aux ordres de l'âme : la jeune fille était déjà plus forte, et la mort avait fui.

—Allons, Eugénie, lui dit sa grand'-mère, te voilà heureuse, ceci doit te faire encore plus chérir ta mère, s'il se peut, et suivre ses bons avis... Que je suis contente, cela me rappelle mon jeune temps... Et madame Guérin se mit à fredonner.

—Eugénie, reprit madame d'Arneuse avec gravité, j'ai bien des conseils à te donner pour la conduite que tu dois tenir dans la circonstance présente.

—Écoute bien ta mère, ma petite, dit madame Guérin.

—Il faudra, continua madame d'Arneuse, t'appliquer à n'être ni trop froide, ni trop empressée, cependant témoigner de la joie : Rosalie t'habillera tous les jours, nous verrons à te parer de notre mieux... Surtout, ma fille, sois toujours occupée quand il sera ici : étudie-toi à ne jamais, dans la conversation, dire quelque chose de mal-séant, pèse bien tes paroles, conserve un maintien modeste, cependant, mon enfant, lorsque tu seras mariée, songe à tenir ton rang, car tu seras duchesse...

— Duchesse !... s'écria madame Guérin.

— Duchesse de Landon, répéta madame d'Arneuse avec emphase ; hé bien ! Eugénie, tu ne parais pas contente ?.. Qu'as-tu donc ?

— Tous les duchés du monde me sont fort indifférens, répondit-elle.

— Veux-tu jouer le sentiment, lui répliqua sa mère, ton mari est bien, mais sa maison est encore mieux, sache en soutenir l'éclat... et surtout ne manque pas ce mariage-là par de pareilles idées... Et voyez donc, dit-elle à madame Guérin, le malheur veut qu'elle soit malade et pâle dans ce moment.

— Dépêche-toi de reprendre tes jolies couleurs, ajouta madame Guérin...

Enfin, les deux mères s'efforcèrent de lui dicter la manière dont elle devait exprimer ses sentimens et les graduer comme les *crescendo* d'une sonate; oubliant qu'à cette époque de leur vie elles avaient trouvé dans leur cœur plus que les avis de leurs mères. Cette scène ressemblait absolument au mémoire que l'on donna à Louis XV pour la tenue de son premier lit de justice : « Ici le roi froncera le sourcil, là le roi s'adoucira, plus bas le roi fera un signe de tête, plus loin le roi saluera. » Eugénie devait sourire à son entrée, sourire à sa sortie, sourire à chaque mot... Eugénie écoutait et riait sous cape ; un seul battement de son cœur ne lui en disait-il pas mille fois davantage ? aimer n'est ni un art, ni une science, c'est un instinct de l'âme.

Dès ce jour, le duc de Landon vint chez la marquise d'Arneuse avec l'assiduité d'un prétendu : les promenades, les doux jeux, les parties de plaisir firent de chaque jour un jour de fête. Par cette douce intimité, Eugénie apprit comment l'amour pouvait croître. En effet, elle découvrit par degrés les nobles qualités qu'elle avait seulement entrevues jadis; puis elle se mit à étudier les goûts, les pensées, les sentimens de son ami pour s'y conformer en tout : douce fut la peine et courte fut l'étude, car elle vit qu'il était tout simple pour elle de devenir une ombre de lui, tant elle identifia facilement son âme avec celle du bien-aimé. Aussi, son visage étant une image fidèle de son cœur, sa beauté primitive revint-elle promptement dans tout son éclat.

Cependant son bonheur ne resta pas long-temps pur et sans orages, car sa mère, reprenant son empire à mesure que sa fille revenait à la vie, ne tarda pas à s'immiscer dans les sentimens d'Eugénie et voulut en commander l'expression comme les évolutions d'une parade.

Pour les amans, le monde et ses usages, la société et ses lois, les mœurs et leurs exigences, les plaisirs, le langage, tout disparaît pour faire place à des rapports nouveaux qu'Eugénie conçut avec une merveilleuse aptitude: un de ses regards, un sourire, parlaient, un mouvement de tête peignait son amour, et son moindre signe valait mille fois plus que tout le jargon de la politesse. Un jour Landon lui apporta une jolie boîte à ouvrage en nacre; sans mot dire, elle la posa sur la cheminée, puis, regardant Horace dans la glace, elle le remercia par un léger sourire et un signe de tête. Quand il fut parti, madame d'Arneuse dit à Eugénie :

— En vérité, ma chère amie, je ne vous conçois pas, votre prétendu vous offre un de plus jolis cadeaux que l'on puisse faire, un bijou fort cher enfin, et vous le jetez là sans rien dire, sans le remercier, c'est vraiment étonnant, vous feriez croire que vous n'avez reçu aucune éducation ; le pauvre jeune homme en a été touché.

— Cela m'a fait de la peine pour lui, ajouta madame Guérin.

— Enfin, continua madame d'Arneuse, vous êtes aujourd'hui mal coiffée et très-mal habillée... si cela continue, j'ai grand'peur de voir échouer le mariage.

— Ah! ma chère maman, dit Eugénie, est-ce qu'un présent est au-dessus de son amour?..

— Ah! vous en savez probablement plus que moi, mademoiselle; à votre aise... mais comme je n'ai pas envie de vous voir rebuter M. le duc par vos sottises, apprenez à le recevoir mieux que vous ne le faites. Il arrive, la plupart du temps que vous restez ébahie à le regarder comme la châsse d'un saint; sachez donc causer, répondre, et l'attacher par mille petites familiarités permises qui font le bonheur des amans. L'autre jour, il vous complimente très-galamment, vous ne répliquez pas par quelque douceur; hier il vous dit que vous cousez comme un ange, vous ne pouvez pas répondre que vous m'avez eu pour maîtresse; ah!

vous ne faites guère valoir votre mère!..

— Allons, reprit madame Guérin, ne te fâche pas, elle aura soin une autre fois d'observer toutes ces petites choses-là : vois-tu, mon cœur, dit-elle à Eugénie, il faut bien écouter ta mère, tu n'as qu'elle au monde, c'est tout notre bien, elle est si bonne: vois si elle épargne la moindre chose pour ton trousseau.

— Et voyez comme elle m'en remercie! plus on fait pour les enfans moins ils en sont reconnaissans! répondit madame d'Arneuse, qui voulait que ses obligations, en sa qualité de mère, fussent reçues comme des faveurs.

Il y avait néanmoins une espèce de fausseté dans le reproche qu'elle adressait à Eugénie. Si le trousseau était en effet magnifique et même au-dessus de la fortune de madame d'Arneuse, sa fille n'entrait pour rien dans cette splendeur, elle était toute d'apparat et commandée par l'orgueil. Eugénie n'apportait pas de dot, et madame d'Arneuse, embarrassée, cherchait à se mettre dans les petites choses sur la ligne qu'occupait M. Landon dans les grandes. Elle soutenait même parfois que leurs maisons étaient aussi anciennes l'une que l'autre.

Ainsi Eugénie éprouvait mille petites contrariétés qui lui rendaient en quelque sorte son bonheur plus sensible, l'avenir plus désirable. Sa mère osait l'accuser de mauvaise grâce à témoigner son amour, et elle frémissait si Horace lui prenait la main, tressaillait au moindre bruit de ses pas, allait secrètement caresser Brigand, son cheval favori, faire causer Nikel qui ne tarissait pas en louant son maître, elle avait des pressentimens de son arrivée, et souvent se surprenait à penser ce qu'il disait... Aussi Landon s'applaudissait-il chaque jour de sa résolution en admirant avec quelle ferveur il était aimé.

Mais plus Eugénie prodigua à Landon les témoignages d'un éternel amour et plus il fut en proie à des sentimens pénibles : obligé d'initier cette jeune fille aux mystères de sa vie passée, pouvait-il prévoir le résultat de cette triste confession? L'amour d'Eugénie était-il assez profond pour souffrir une rivale sans cesse présente au cœur d'un époux ? Aussi Horace se refusait souvent à parler ; mais Guérard avait si fortement recommandé cette sinistre confidence, qu'il se voyait plus souvent encore forcé d'obéir à son vieux tuteur. Bientôt ces idées devinrent tyranniques. Landon sans cesse rêveur, craignant de perdre Eugénie, tourmenté par sa conscience, effrayé même au souvenir de Wann-Chlore, laissa paraître sur son front des nuages de chagrin qu'il ne put dérober aux yeux perçans d'Eugénie.

Elle ne regarda plus Horace qu'avec inquiétude ; craintive, elle tâcha de deviner les secrètes pensées qui l'agitaient ; elle examina son maintien, ses gestes, interprétant jusqu'aux inflexions de sa voix. D'abord elle attribua ce changement à des imperfections qui vinssent d'elle, et crut lui avoir déplu. Elle se chagrina, pleura en secret, et, cherchant dans son âme les causes de cette soudaine tristesse, elle repassa ses propres discours et ceux de Landon avec une curieuse défiance, sans trouver jamais dans son cœur autre chose que les doux soins de l'amour. Sa sollicitude devint plus active, et la pauvre fille fut victime d'une anxiété affreuse quand elle vit le chagrin de Landon s'accroître sans qu'elle en pût découvrir les motifs.

Un soir, il se trouvèrent seuls au salon, assis près de la croisée qui donnait sur le jardin. La lumière du crépuscule avait disparu pour faire place au pâle éclat d'une belle nuit, et l'aspect des cieux étoilés les avait graduellement plongés dans un religieux silence, quoique chacun d'eux semblât vouloir parler à l'autre ; jamais Horace n'avait paru si agité à Eugénie, et jamais peut-être elle ne s'était vue elle-même si impatiente. Enfin l'un et l'autre paraissaient craindre et désirer tour à tour un mot. Cette scène était tout à la fois douce et cruelle ; mais quand Eugénie, s'avisant de lever les yeux à la dérobée, aperçut Horace qui, les bras croisés, la tête penchée, restait auprès d'elle avec l'expression de l'indifférence, elle trembla, ses craintes grandirent, et ce moment devint affreux. Cependant elle se plut encore à l'admirer à cette heure, où son visage, exprimant tant de passion, ressemblait à ces figures auxquelles les grands peintres donnent les charmes de l'idéalité. Tout à coup Horace contempla Eugénie, leurs yeux se rencontrèrent, et les siens furent mornes. Elle frissonna, mais sa peine se changea promptement en plaisir, car il pencha la tête sur elle, et leurs chevelures éveillèrent en eux une douloureuse volupté, par un contact si léger, que l'âme paraissait être seule à la sentir. Horace prit la main de la jeune fille, la pressa, la sentit trembler, et fit tous les mouvemens d'un homme qui va parler, quand la peur le rendit muet et immobile. Eugénie se leva, voulut parler à son tour, et, glacée par la crainte, elle laissa rouler sur ses joues deux larmes, dernier langage de l'amour.

Alors Landon porte lentement à ses lèvres brûlantes la main palpitante d'Eugénie ; mais à ce moment elle trouva le doute trop horrible, et, retirant sa main avec vivacité, mais après qu'elle eut été embrassée, elle dit en balbutiant : « Vous m'aimerez, n'est-ce pas ?.. »

A ces paroles Horace tressaillit, passa la main sur son front pour en essuyer la sueur, et répondit : « Eugénie, Eugénie !.. nous sommes séparés par du feu !... » Il s'arrêta.

— De grâce, achevez ! que craignez-vous ?..

— Je crains que vous ne soyez pas heureuse avec moi !...

Elle fit un mouvement de surprise et sourit légèrement.

— Oui, continua-t-il, je ne puis plus aimer comme vous, et... vous serez malheureuse...

— Je le suis en ce moment, dit-elle, plus que vous ne le sauriez croire; dès mon enfance le sort m'a poursuivie : je n'ai pas nourri une pauvre bête qu'elle ne soit morte; pas un oiseau n'a vécu gardé par moi ; la fleur que je soignais se fanait au lever du soleil; j'ai pensé coûter la vie à ma mère; et, tout cela n'est rien, je vous vois, je vous perds!.. vous revenez à Eugénie et, un mois à peine écoulé, votre front s'obscurcit, vous êtes triste... Y a-t-il déjà une nouvelle infortune entre nous? quel est ce feu qui nous sépare?

—Ne le savez-vous pas? lui dit Horace ; ne faut-il pas vous raconter ma vie et vous faire connaître le cœur sur lequel vous vous appuyez... Si j'étais indigne de vous ?

Elle frémit de terreur : à ce moment, l'étoile chérie par la jeune fille brillait de tout son éclat, elle crut y trouver un présage céleste de bonheur, la crainte s'enfuit : « Tenez, répondit-elle, voyez-vous cette étoile, c'est la mienne ; elle est belle ; nous serons heureux. Regardez-la, j'y attache bien du prix ! »

Landon soupira, la reine des nuits se levait majestueuse ; aussi la montra-t-il à Eugénie qui ne vit rien autre chose que la main de son bien-aimé.

—Qu'avez-vous donc à me dire ?

demanda-t-elle après un moment de silence, me laisserez-vous au supplice?

Landon lui imposa silence par un signe et répondit :

— Demain, Eugénie, demain je vous révèlerai le secret de mon cœur, et vous verrez si vous pouvez être heureuse avec moi ...

— Qu'importe mon bonheur si je me suis consacrée au vôtre, si je ne puis vivre qu'à l'ombre de votre protection : semblable à cet astre, ma lumière désormais ne sera-t-elle pas tout empruntée, vos maux sont les miens.. dites, confiez-les-moi, je vous en prie : vous m'avez épouvantée...»

A ces paroles, les yeux d'Horace se mouillèrent de larmes d'attendrissement, et Eugénie pleura parce qu'il pleurait. Il voulut répondre, son cœur était trop plein ; il jeta un regard d'effroi sur la jeune fille et s'échappa en la laissant stupéfaite de son désordre.

— Demain! se dit-elle : qu'a-t-il donc à m'annoncer?... Mon bonheur se flétrira-t-il comme les roses que je cultivais?... Elle resta en proie à une terreur d'autant plus profonde que la cause en était cachée sous l'impénétrable voile de l'avenir et qu'alors il ne se présentait à son âme aucune idée consolante.

Son sommeil fut agité de songes pénibles et le matin, quand Rosalie l'habilla, « j'ai rêvé, lui dit-elle, que je nageais dans une rivière.

— Était-elle trouble?

— Oui.

— Marianne prétend que cela signifie malheur.

— Et mes dents tombaient, ajouta Eugénie.

— Ruine complète! répondit Rosalie en riant; quand Marianne rêve ainsi, elle perd toujours à sa loterie! Vous pâlissez, mademoiselle?

— Ce n'est rien, répliqua la jeune fille. » Cependant l'impression causée par ces paroles était affreuse.

Elle attendit avec une douloureuse impatience l'arrivée de Landon, et quand elle entendit le bruit de ses pas elle frissonna; Horace lui parut sombre et sa voix la fit trembler.

Ils allèrent se promener avec madame d'Arneuse et madame Guérin: en marchant, Horace resta silencieux et troublé; il évita même de regarder Eugénie, et Eugénie, à chaque pas, sentait augmenter sa terreur. « Il semble, se dit-elle, qu'il s'agisse de ma vie. »

Landon répondit aux questions de madame d'Arneuse d'un air si distrait qu'elle garda le silence, et marchant avec sa mère, elle laissa Eugénie et Landon seuls.

— « Mademoiselle, dit-il alors en tremblant et d'une voix entrecoupée, il m'est impossible de vous raconter moi-même les événemens de ma vie... et il faut cependant que vous les connaissiez... Je prendrai donc quelques jours pour vous en écrire les détails... Alors vous prononcerez sur notre union. Vous vous croyez malheureuse, Eugénie ? ah ! vous verrez que des fleurs mal arrosées, des oiseaux qui meurent privés de liberté, ne rendent pas encore une vie infortunée; le malheur se repaît de fleurs plus belles, de sentimens plus nobles : s'il vient à nous? prenez garde, il n'est pas toujours vêtu de couleurs sinistres, il arrive souvent entouré du brillant cortége des joies de la vie, il sourit, sa parole est flatteuse, ce n'est que trop tard, et quand vous lui appartenez, qu'on demande avec effroi : « Qui es-tu? » Espérons que la sueur glacée dont mon front se baigne à ce seul souvenir ne passera pas sur le vôtre...

Il lui pressa doucement la main; Eugénie essaya de déguiser sa terreur sous un sourire; bientôt elle se plaignit du froid, hâta sa marche et revint à la maison sans prononcer une parole. Au sein du bonheur, elle se sentait frappée, et, comme Tantale, n'osait se baisser pour cueillir les belles fleurs que le prodigue amour jetait à ses pieds.

Une semaine entière se passa sans qu'elle reçût la moindre nouvelle d'Horace, et cette semaine fut plus pénible pour elle que toutes les souffrances de sa maladie : les reflexions les plus sinistres l'absorbèrent : « Et cependant, se disait-elle, que puis-je apprendre de plus douloureux ? Qu'il ne m'aime pas : et il m'aime puis qu'il m'épouse ; indigne de moi ?.. m'a-t-il dit, lui, si noble, si généreux !.. son chagrin ne peut donc venir que d'accidens qui nous soient étrangers, et une fois mariés, nous pouvons vivre loin du monde ;

alors quel malheur peut se mettre entre nous?..» Telles étaient ses idées, mais aussi telles étaient l'attente et l'incertitude, que son ardente curiosité ne pouvait être calmée que par le funeste écrit, la cause même de son effroi.

Enfin le huitième jour, Nikel vint apporter à Rosalie un assez gros paquet de papiers adressés par son maître à mademoiselle d'Arneuse.

« Tenez, ma gentille, il faut remettre ceci à votre jeune demoiselle, et en secret : prenons garde à nous, ces écritures sont pleines de poison, le général est mille fois plus triste depuis qu'il y travaille qu'en arrivant ici...

—Dites-moi donc, M. Nikel, cela n'empêchera pas les noces, j'espère.

— Je ne pense pas, le colonel a l'air d'aimer votre demoiselle...

— Pourquoi donc, M. le maréchal, dites-vous le colonel, le général, le capitaine, qu'est donc votre maître enfin? avant de nous marier, nous devons savoir qui nous épousons.

— Il est!... suffit, s'écria le chasseur d'un air sévère, j'allais oublier la consigne; ah! Duvigneau avait bien raison quand il disait que l'amour est le boute-selle de toutes les bêtises; mais encore quelques jours, et nous serons mariés... alors.

— Oh! alors, répliqua la soubrette vous ne ferez plus que mes volontés.

Pour toute réponse, le chasseur se contenta de faire claquer ses doigts par-dessus sa tête et il embrassa Rosalie sans que la Languedocienne pût se défendre des privautés du chasseur. En effet, depuis les accords, il gouvernait militairement ses amours, et Rosalie, en approchant du but, n'était plus si forte; la course avait été sans doute trop longue.

Néanmoins la Languedocienne, curieuse de connaître de quelle importance était le volumineux paquet qu'elle tenait, se débarassa des bras de Nikel, en lui faisant sentir sur l'épaule le pesanteur de son bras. Alors le chasseur portant la main à son front, comme pour la saluer militairement, répondit avec gaîté : « Merci, mon capitaine ! »

Rosalie trouva bientôt le moyen de s'acquitter avec prestesse de sa commission. Elle fut toute surprise de voir sa jeune maîtresse serrer soigneusement les papiers et garder le silence.

« Mais qu'est-il donc arrivé, mademoiselle, pour que vous soyez aussi triste... Savez-vous qu'hier au salon, ces dames parlaient déjà de vous.

— Ah, Rosalie!.. Rosalie!..» fut toute la réponse d'Eugénie, et la Languedocienne revint auprès de Nikel, stupéfaite de voir l'intrigue qu'elle avait si bien nouée devenir presque l'ouvrage de Pénélope. — « Que de mal aurons-nous eu pour en faire une duchesse!... dit-elle à Nikel.

Aussitôt que chacun dans la maison fut endormi, mademoiselle d'Arneuse consacra la nuit tout entière à lire le manuscrit de Landon. Elle tremblait tout à la fois de crainte et de curiosité en brisant l'enveloppe sous laquelle étaient contenus les papiers, et l'importance que cette lecture devait avoir pour le bonheur de sa vie lui rendit ce moment solennel : ses mains étaient froides quand elle déploya ces pages qui allaient lui parler; elle oublia où elle se trouvait; le profond silence de la nature entière prêta une voix aux sifflemens de la pluie; et la jeune fille prit tout en présage. ...e cri plaintif d'un oiseau, les oscillations de sa lampe, le craquement d'une boiserie, les coups répétés d'une araignée, le vol même d'une mouche, tout l'inquiéta et rendit les battemens de son cœur plus profonds et moins rapides. Elle aurait voulu que le vent fût moins triste, la nuit plus calme; donnant ainsi ses affections aux immuables accidens de la nature.

La cloche qui sonna minuit l'effraya, soit qu'au milieu du repos des êtres vivans, le bruit d'une chose inanimée fût affreux, soit qu'Eugénie n'eût pas dépouillé les terreurs enfantines que cause cette heure à laquelle se rattachent tant de superstitions; mais il y avait en elle-même une cause suffisante de peur : son amour était menacé; d'effroyables, de sinistres pressentimens annonçant de lointains malheurs se levaient lentement dans son âme comme des fantômes. On doit pardonner à Eugénie des sentimens qui seraient ridicules dans toute autre situation, et cependant il existe peu de femmes capables de lire sans effroi, quand tout dort à huit lieues à la ronde, un écrit qui doit apporter ou la vie ou la mort. Mademoiselle d'Arneuse trouva la lettre suivante en brisant l'enveloppe des papiers.

« Mademoiselle,

« Je vous envoie ce fatal écrit, il est baigné de mes pleurs. J'ai conçu de votre caractère une trop noble idée pour user de ménagemens avec vous, le malheur donne une forte trempe à l'âme, aussi vous ai-je retracé les moindres émotions de mon cœur comme elles furent ressenties. Après avoir rempli ce devoir, je le rendrai sans doute funeste à tous deux, car j'ai encore assez de courage pour vous avouer qu'en vous peignant les enivrantes joies de mon premier amour, tout détruit qu'il est, ma propre douleur m'a dit que

Wann-Chlore est toujours brillante au fond de mon âme. Je frissonne en voyant ainsi passer sur votre cœur le fardeau qui pesait sur le mien. Maintenant vos forces sont la mesure de nos espérances, oserez-vous vous charger de mon avenir?.. Toutefois, sachez que celle qui me tendra la main après avoir lu cet écrit doit m'être fidèle ou serait mille fois in-infâme. Mais si, trouvant ma couche trop douloureuse vous détourniez la tête, vous ferez bien, et moi... Cet effort vers le bonheur sera le dernier. Adieu donc. »

— Adieu! s'écria-t-elle, que vais-je lire?.. Des larmes obscurcirent ses yeux, et à peine vit-elle les premières lignes du manuscrit qu'elle déroula lentement.

HISTOIRE
DE
WANN-LA-PÂLE,
OU
MÉMOIRES D'HORACE,

DUC DE LANDON-TAXIS,

adressés à mademoiselle Eugénie d'Araxaie.

« A L'AGE de cinq ans, mademoiselle, je fuyais la France sauvé par ma mère, dont le courage et la présence d'esprit avaient dérobé ma jeune-tête au glaive des bourreaux; mais nous laissions derrière nous mon père en prison et à peine nos pieds touchèrent-ils la terre étrangère que nous apprîmes à la fois sa condamnation et sa mort. Ce coup terrible écrasa ma mère, elle périt à la fleur de l'âge. Je me rappelle qu'alors, se défiant sans doute des écueils d'un monde aussi orageux et ne sachant plus à qui confier son enfant, elle me serra dans ses bras mourans, comme pour m'emmener avec elle en un monde meilleur. Quoique les événemens de mon enfance soient dans ma mémoire comme les confuses images d'un songe, ce seul souvenir me reste toujours terrible. On ne voit point impunément le dernier soupir d'une tendre mère! A ce moment nos biens étaient à l'encan, nos honneurs détruits, mon berceau proscrit, ma jeunesse sans guide, et la longue et brillante fortune d'une maison tout historique périssait dans un obscur village d'Allemagne, sans le dévouement d'un vieillard.

« Mon père avait pour intendant un procureur au parlement de Paris. C'était un de ces vieux serviteurs dont la fidélité passe de génération en génération, comme un des biens du patrimoine. Guérard nous fut légué par mon aïeul chez lequel il avait débuté par être commis d'un secrétaire : son intelligence ayant été remarquée, mon grand père l'avait fait élever avec tant de soin, l'avait protégé d'une telle bienve..ace, qu'en 89 Guérard était devenu l'un des hommes les plus remarquables de son Corps. Ses connaissances, son instruction, son esprit, égalaient son attachement à notre famille dont il faisait presque partie. Lorsque l'orage éclata, mon père fût étonné d'apercevoir son intendant rangé parmi les plus fameux adversaires de la monarchie. Guérard est toujours resté républicain, mais aux efforts qu'il fit pour sauver mon père, nous reconnûmes une justesse de calcul digne d'un homme d'état. Son dévouement faillit même le perdre, on le jeta dans la même prison que son maître et la voix consolatrice du fidèle serviteur fut la dernière que mon père entendit avant de marcher à l'échafaud.

« En restant mon unique appui, Guérard retrouva de nouvelles forces, il sortit de prison, vola me chercher en Allemagne, me ramena sur le sol paternel, me fit rayer de la liste des émigrés, protesta de mon dévouement à la république, acheta ceux de mes biens que l'on vendait, arrêta la dilapidation des autres, me mit à l'abri des fureurs révolutionnaires en me cachant à tous les yeux et s'occupa de mon éducation avec tant de succès, que j'entrai, jeune encore, dans cette école célèbre, l'une des plus belles créations de la république.

« En 1807, n'ayant pas encore vingt ans, je sortis de l'école Polytechnique, recommandé par nos illustres maîtres. La faveur dont Guérard jouissait alors, l'amour de Napoléon pour les grandes familles de France, mon mérite peut-être, me valurent une lieutenance dans un régiment de cavalerie, arme que je préférais à toutes les autres. Le fanatisme guerrier dont j'étais animé m'emporta brusquement sur les champs de bataille et j'arrivai assez à temps pour me distinguer dans la campagne par quelques actions d'éclat que je recherchais avec avidité. Alors Guérard, prêt à déserter son poste éminent, chagrin qu'il était du despotisme impérial, fit habilement valoir mon enthousiasme et profita du moment où Napoléon convoitait l'éclat de mon nom, pour m'obtenir, dans la garde impériale, le grade que j'avais dans la ligne.

« Satisfait de m'avoir placé dans un poste aussi brillant pour un néophyte, heureux d'avoir attiré sur son fils adoptif l'attention du souverain, l'incorruptible Guérard, entouré de l'estime publique, se retira à Neuilly comme dans un hermitage, mettant tout son orgueil en moi. Alors, comme aujourd'hui, mon nom prononcé avec quelque éloge lui devint une fête et ma visite sa plus grande joie. Seul, il administre mes biens, prend soin de mes revenus, me guide dans la vie, partage mes plaisirs, mes peines, et son existence semble même n'être qu'un long reflet de la mienne. Notre amitié est telle que je ne lui ai jamais demandé les comptes de mon héritage, tant je mets de soin à lui laisser ma fortune comme à un bon père, et sa prévoyance est si maternelle, que mes prodigalités n'ont jamais épuisé les sommes qu'il dépose pour moi chez son banquier.

« Mais, mademoiselle, la nature, semblable au sort qui favorise les joueurs avant de les ruiner, fut même prodigue envers moi; j'avais trouvé un père, elle me donna un ami. Vous

vous demanderez comment j'ai pu devenir tout-à-fait malheureux; ah! vous verrez bientôt dans quelle pompe la vie s'est présentée à moi !

« Quand, au sortir de l'école Polytechnique, je me rendis à l'armée, j'y fus suivi par un jeune Italien nommé Annibal Salvati. Nous nous étions senties entraînés l'un vers l'autre par une vive sympathie en nous rencontrant à notre examen d'admission à l'école. Une douce conformité d'âge, de mœurs et de caractère resserra les liens de notre amitié. Annibal était orphelin comme moi, comme moi il cherchait un frère dans le monde; tout conspirait à nous unir.

« Mon ami est d'une belle taille, ses yeux jettent du feu, son organe est flatteur, son parler poétique, ses

cheveux noirs se bouclent naturelle-
ment sur un front plein de noblesse
et ses traits séduisans sont embellis
par cette couleur olivâtre qui donne
une expression si passionnée aux figures méridionales. Inégal d'humeur
comme moi, il a plus de fougue
peut-être, car il ne trouve jamais
d'obstacles à ses désirs. Du reste l'ex-
pansion est pour son âme un besoin
plutôt qu'une qualité, et il possède
par-dessus tout cette grâce si indéfi-
nissable qu'on l'a nommée *le je ne
sais quoi;* il est brave, généreux,
spirituel, modeste, excelle à tous les
arts d'agrément, et je ne peux lui
reprocher qu'une aveugle jalousie,
passion qu'il doit sans doute à sa patrie et que mon amitié a vainement
combattue. Tour à tour gais et tristes

l'un et l'autre, nous avons recueilli de cette discordance originale un contraste perpétuel de douleur et de joie, une consolation dans les maux, une vivacité dans les plaisirs, une espérance infatigable, une chaleur d'amitié qu'il serait difficile de vous peindre : mêlant ainsi nos affections, confondant nos pensées, nous soutenant l'un l'autre, nous avons plus d'une fois remercié l'indulgente nature d'avoir donné Horace à Annibal, Annibal à Horace.

« Salvati, pour ne pas me quitter, voulut servir dans la cavalerie, malgré sa répugnance ; son dégoût pour cette arme était un pressentiment : à cette première rencontre où nos jeunes courages obtinrent de flatteuses approbations, Annibal, en me sauvant la vie, reçut une blessure qui le força de quitter l'armée. Il revint à Paris où la protection de Guérard lui fit obtenir le titre de maître des requêtes, la place de secrétaire auprès d'un ministre, et sa fortune fut aussi rapide dans la carrière administrative que la mienne à l'armée.

« Vous pouvez facilement imaginer, mademoiselle, la brillante perspective qui s'offrait à nos regards : riches tous deux, tous deux puissamment protégés, bien accueillis dans le monde, nous marchions de fête en en fête, volant où brillait un espoir, essayant de toutes les illusions, déployant nos ailes pour la moindre lueur, heureux enfin comme on doit l'être à notre âge, quand le destin semble se plaire à jeter à vos pieds toutes les fleurs de la vie; que, semblables aux enfans parmi les jouets, nous quittons l'une pour respirer le parfum d'une autre et, les mains pleines, nous envions de l'œil les couleurs éclatantes de celles que nous ne pouvons pas saisir; regrettant presque de ne pas tout embrasser, tout flétrir.

« Buffon a vu en nous deux êtres : l'homme extérieur et l'homme intérieur (*homo duplex*) : telle est donc, mademoiselle, l'histoire de ma vie extérieure, voilà tout ce qui intéresse la plupart des hommes; mais ma vie intérieure, cette succesion de sentimens orageux dans un cœur tranquille en apparence, forme une histoire bien autrement importante. Je vous présente cette vie avec une candeur de sauvage : ne faut-il pas vous montrer tout entier l'homme qui doit vous accompagner toujours?..

« Lorsqu'au milieu de l'année 1808, je ramenai à Paris, Annibal blessé, j'obtins, outre ma promotion dans la garde, un congé de deux mois, afin de pouvoir soigner mon ami. Vers la fin de septembre, Salvati entra en convalescence et je devais le mener à ma terre de Lussy, en Bourgogne, pour achever sa guérison à la campagne, lorsqu'un jour la promenade matinale que je lui faisais faire nous conduisit jusqu'au boulevard Saint-Antoine. « Tu n'as pas vu cette jeune fille? me dit Salvati. — Non, lui répondis-je. — Eh bien, retourne-toi, et regarde-la! » Je me retournai pour la voir et je la vis. « N'est-ce pas original? me demanda-t-il. — Oh! très-original, lui dis-je avec un sourire forcé. — Voilà comme je me représente le vampire dont nous a parlé ce jeune anglais à Coppet. » Je ne répondis rien. — « Aurais-tu froid, reprit Salvati, tu trembles? — Va tout seul, lui dis-je en l'abandonnant. » Il me regarda d'un air inquiet et finit par sourire en me voyant attendre la jeune fille, et mesurer mon pas au sien. — « Annibal, ne te moque pas de moi, et si tu m'aimes, laisse-moi seul? » Il s'en alla avec la soumission de la véritable amitié.

« Soigneusement enveloppée dans une espèce de manteau d'étoffe commune, mais d'une propreté recherchée, cette jeune fille semblait vouloir dérober ou ses formes ou sa toilette aux regards des curieux ; sa tête était même cachée presque tout entière sous un grand chapeau de paille blanche et sa figure seule avait attiré l'attention d'Annibal. En effet, mademoiselle, la jeune inconnue était d'une pâleur effrayante et son visage ressemblait exactement à celui d'une statue, quand, sortant des mains du sculpteur, le marbre, vierge encore des injures de l'air, jette une molle et blanche lumière ; le tissu de sa peau avait une telle finesse, une transparence si vive que je croyais voir couler dans ses veines bleuâtres, non pas du sang, mais le lait le plus pur. Au milieu de cette blancheur éclatante, ses deux lèvres étaient comme deux branches de corail ; le reflet des longs cils de ses larges paupières baissées dessinait sur sa joue une légère vapeur noire, et la flamme humide lancée par son regard en paraissait plus brillante encore ; mais ses yeux et ses sourcils noirs tranchaient bien davantage sur la couleur éblouissante de sa figure. Ses cheveux étaient cachés par un voile négligemment noué sous son menton. Sa démarche avait je ne sais quoi de magique, car j'ignore d'où peut venir cette ondulation délicieuse qui régnait dans le moindre mouvement de sa personne ; le bruit même de ses pas retentissait à mon oreille semblable à une douce harmonie, et je la suivais comme entraîné par le courant d'un fleuve.

« Elle avait pour guide un vieillard, simplement habillé, dont la marche lourde et tremblante contrastait avec la légèreté de la sienne. La figure de cet homme était d'une laideur repoussante, ignoble peut-être au premier aspect; mais pour peu qu'on le contemplât, on reconnaissait tant de bonté, un tel accord dans les traits, une tranquillité si noble, un front serein si bien accompagné de cheveux blancs comme la neige, que votre âme était pénétrée de douceur; et son regard rencontrait-il le vôtre, vous obteniez une vivante image de ce qu'on nomme le *sublime*.

« Il était impossible de ne pas être vivement intéressé par cette alliance singulière de la laideur et de la beauté, de la vieillesse et de l'enfance; on ne voit pas, sans une émotion profonde, une rose sur une tombe et l'hirondelle sous un monceau de neige ; aussi je cherchais vaguement à deviner le sentiment qui les unissait : chaque pas du vieillard excitait l'attention de la jeune fille, et les moindres gestes de la jeune fille, les soins du vieillard ; enfin l'entente parfaite de leurs mouvemens, l'accord de leurs yeux, celle de leurs âmes auraient fait croire qu'ils avaient une seule vie pour tous deux.

« Bientôt je me trouvai devant l'église Saint-Paul, ignorant comment j'étais venu là. En montant le perron, le vieillard et sa compagne furent assaillis par des pauvres qui accoururent vers eux comme les oiseaux de la campagne sur le blé ; il donna quelques pièces de monnaie à la jeune fille qui les remit aux mendians, doublant ainsi le prix de cette faible aumône en la faisant passer par les mains de la jeunesse et de la beauté, ou bien était-ce pour attribuer à la jeune fille le mérite d'un bienfait compté par celui qui récompense le don d'un verre d'eau à l'égal d'une victoire? j'ignorais le véritable motif, mais je fus attendri par ce rafinement de tendresse qui semble se trouver sur cette ligne où commence l'amour, où finit l'amitié, et je me demandais avec une vive inquiétude: « Est-elle sa femme ou sa fille? »

« Je les suivis sous les voûtes sacrées de l'édifice, marchant avec une sorte de souffrance. Ils prirent de l'eau bénite, je ne les imitai pas; ils s'avancèrent vers un autel, s'agenouillèrent, je les suivis encore, et je ne m'agenouillai point, mais tapi derrière un pilier, je m'applaudis d'être placé de manière à voir la jeune fille au moment où elle relèverait sa tête de dessus son livre de prières. Mes jambes chancelaient et parfois mes yeux étaient fatigués comme dans les songes, lorsqu'on cherche à voir une vision fugitive.

« Le vieillard quittant sa protégée pour aller à la sacristie, tourna plusieurs fois la tête vers elle avec une maternelle sollicitude, et revint aussitôt en ramenant un prêtre. Alors, et de ses mains tremblantes, il débarrassa la jeune fille de sa pelisse, l'aidant à étendre sur sa tête un voile blanc comme la neige, qui n'a pas touché terre. Je la vis tout entière : ses cheveux tombèrent sur son front en boucles aussi noires que les fruits du troëne et me rappelèrent cette image de Milton : « *Un rocher d'albâtre environné de nuages.* » Elle était vêtue d'une robe blanche, doux symbole d'innocence, et le prêtre lui jeta, en montant à l'autel, un regard qui dévoila le mystère de cette scène. Elle joignit les mains et pria. Je répétai involontairement les paroles saintes que parfois elle prononça trop haut ; puis, rougissant en lui voyant tourner une page, me levant quand elle se levait, pliant les genoux quand elle s'inclinait, je me recueillis comme elle, me prosternant devant la créature quand elle adorait le Créateur, extase aussi pure que celle des séraphins confondus dans la lumière du Trône!

« Le silence profond de l'église et le jour sombre qui régnait m'imprimèrent une sorte de terreur, l'air était brûlant; ma main presque humide, mes vêtemens lourds. Que vous dirai-je ? comment vous peindre des joies aussi passagères et cependant si durables, si profondes. Je ne voyais plus que cette tête; chaque geste de la jeune fille donnait un charme de plus à ma vision; elle semblait se mouvoir dans une atmosphère lumineuse et son moindre mouvement amenait un nouvel accident de lumière : tantôt elle était éclairée par le jour mélancolique du dôme; puis quand elle s'inclinait, ses vêtemens se teignaient des couleurs de l'arc-en-ciel sous les reflets des vitraux des chapelles latérales;

les nuages, luttant avec le soleil au-dessus de l'édifice, la plongeaient tour à tour dans l'ombre ou la lumière ; enfin, la chute de son voile et la main qui le relevait aussitôt, son souffle, la vapeur légère qui se jouait autour de ses lèvres, la pureté des contours de son visage, ses paupières vacillantes, les jeux de son sein, tout donnait une joie nouvelle à mon âme, à mes yeux, de nouvelles fêtes.

« Tout à coup le prêtre se retourna, et elle leva sa figure vers le prêtre. Il tenait le pain sacré suspendu, et, dans ce moment, il paraissait sur les marches de l'autel comme un céleste ambassadeur. La jeune fille le contemplait avec une joie pure, elle rayonnait comme une sainte. Il jeta sur elle un regard de bonté puissante, et soudain releva sa tête vers la voûte, comme si tous les chérubins venus sur des nuages d'or et groupés en cercles harmonieux, eussent souri à cette fête de la terre, à ce premier banquet de la vierge. Il me sembla qu'un reflet de cette lumière qui enveloppe le trône de Dieu jetait son éclat inimitable sur ces trois êtres confondus dans une même admiration. Une molle et voluptueuse langueur m'avait saisi, j'étais comme assoupi, rêvant et plongé dans un monde nouveau, je serais resté là, toujours! Le prêtre déposa le pain de vie entre des dents rivales en blancheur des perles de l'Orient, la jeune fille baissa la tête, les cieux ouverts s'étaient refermés soudain. Je pleurai en voyant des larmes rouler dans les rides du vieillard et je demeurai comme un homme ivre, ne pouvant plus me soutenir.

Lorsque ma fatigue fut passée, que mes jambes ne tremblèrent pas, je cherchai la jeune fille des yeux, elle avait disparu. Je me précipitai dans la rue et je ne la vis pas; je parcourus tout le quartier avec une vitesse qui me fit un bien extrême et il me fut impossible de la retrouver; nulle trace n'avait marqué son passage, personne ne l'avait vue. L'effroi s'empara de mon âme et je devins comme un enfant seul dans la nuit. « Demain! » me dis-je, et pour la première fois je compris l'éternité. Je revins lentement chez moi, après avoir été revoir avec une attention presque stupide le lieu où

Salvati m'avait dit. « Tu n'as pas vu cette jeune fille ? »

« Ne pensez pas, mademoiselle, que mon enivrement m'ait laissé compter mes sensations et me les décrire ainsi ; bien tard au contraire le souvenir est venu m'apporter ces images, comme au bord de la mer les flots jettent sur la grève tous les débris d'un vaisseau brisé par l'orage ; et maintenant je dois vous faire observer que les longues études dont Guérard s'était servi pour fatiguer l'ardeur de ma jeunesse, les occupations de l'école et mon amour de gloire, m'avaient laissé le cœur vierge. Jusqu'ici ma fougue s'était emparée des sciences, le monde ne m'avait offert qu'un tourbillon de plaisirs dont les atteintes venaient mourir à mon âme sans l'effleurer, ainsi je naissais à la vie avec d'autant plus de force que le sentiment avait plus long-temps dormi dans mon cœur.

— Eh quoi! se dit Eugénie en laissant tomber le manuscrit, je pourrai avoir à moi cette âme si exaltée, si grande!... » mais reprenant bientôt les papiers, elle continua.

« Le lendemain arriva, et dès le matin je rôdais tour à tour sur le boulevard et dans la rue Saint-Antoine; enfin j'entrai dans l'église, espérant que la jeune inconnue y viendrait : que de fois j'allai de l'autel au portail, cherchant à l'apercevoir; et du portail à l'autel, trouvant chaque fois un nouveau plaisir à revoir la pierre sur laquelle elle était la veille. Mon front dégouttait de sueur, je sentais les innombrables minutes du temps, comme les angoisses d'une douleur, et j'interprétais l'absence de la jeune fille par les idées les plus bizarres. A chaque personne qui entrait, je frissonnais, enfin les pavés de l'église étaient brûlans, et ma situation si intolérable, que j'allais sortir quand elle entra. Elle vint, s'agenouilla devant l'autel de la Vierge, et je la contemplai avec d'autant plus de bonheur, que depuis qu'elle avait disparu, je m'étais occupé à me rappeler les moindres traits de son visage. Elle était sans manteau, vêtue simplement, sa taille était svelte, elle me parut avoir tout au plus quinze ans. En la revoyant ainsi, je tremblai de ma propre ivresse. Bientôt elle sortit avec son guide et je les suivis lentement, craignant d'être aperçu, les perdant de vue, les rejoignant soudain; mais arrivé à la place Royale, je les vis entrer dans une maison qui formait le coin de la place et de la rue de Turenne.

Avec la naïveté d'un enfant, je ne songeai point à pénétrer dans la maison; satisfait de ne plus pouvoir perdre la jeune fille de vue et ne pensant même pas qu'il était possible que cette maison ne fût pas la sienne, je me contentai de l'examiner longtemps, en cherchant à deviner l'étage qu'ils devaient occuper; quand je me sentis fatigué, je retournai chez moi, comptant simplement revenir le lendemain à Saint-Paul. Ce fut ainsi que pendant quatre ou cinq jours, je vécus innocemment du bonheur d'aller contempler la jeune fille priant à l'autel de la Vierge. Mon imagination ne voyageait pas au-delà. J'étais heureux de me nourrir ainsi de sa vue, et je me sentais assez d'amour pour vivre de mon amour même. Avec l'imprévoyance enfantine du nègre qui, ne pensant pas qu'il dormira le soir, vend le coton de sa couche, je jouissais du présent avec ivresse, ignorant la joie que me causerait une parole prononcée par elle. Alors j'étais séparé du désir de presser sa main par une plaine aussi vaste, aussi brûlante que le grand désert : je pensais à *elle* dans le silence des nuits ; je me préparais à aller à Saint-Paul, comme pour un long pèlerinage ; je causais longtemps avec Salvati qui riait en déplotant mon délire : n'étais-je pas fou quand je versais dans son âme le torrent de mes pensées? Souvent je lui disais que son cœur même ne me suffisait pas, que je voudrais pouvoir tout dire à la nature entière; mais plus souvent encore je voulais tout cacher, et, craignant même ses regards, je me réfugiais dans mon âme, le trouvant trop froid pour m'entendre.

« Cette joie primordiale que je croyais sans fin fut bientôt épuisée, et je m'accoutumai presque au tressaillement qui me saisissait à la venue de la jeune fille. Enfin bientôt elle cessa d'aller à Saint-Paul. Alors je tombai dans le désespoir, je voulus, avec le despotisme d'un enfant gâté, entrer dans le sanctuaire habité par *elle* J'attaquai cette idée avec fureur; je me tourmentai en moi-même pour l'exécuter, et alors je fus en proie à une véritable folie. Le jour était trop vif pour moi, le bruit me faisait mal, tout me gênait. Ma divinité m'était ravie au moment même où je voulais me rapprocher d'elle, respirer son souffle, effleurer ses vêtemens, entendre sa parole, apprendre son nom pour le prononcer mille fois, lui parler pour lui plaire, au moment enfin où je voyais encore un autre vie à épuiser. L'amour, le véritable amour ne passe-t-il pas par mille teintes avant d'arriver à la lumière, comme l'insecte s'ensevelit dans un tombeau de soie avant de voltiger avec de brillantes ailes.

« Salvati me conseilla de séduire le

portier : « Tu apprendras bien, certainement par lui, l'histoire de ton vieillard, me dit-il, et je pourrai dresser quelque machine pour te donner tes entrées au logis, car tu es incapable d'ouvrir une porte! » Je lui sautai au cou, lui disant qu'il avait plus d'esprit que tous les Crispins de théâtre, et je courus à la place Royale emporté par je ne sais quelle frénésie de joie et de bonheur.

« Quand arrivé devant la porte je saisis le marteau encore empreint pour moi des vestiges de ses doigts, le sifflement de la peur retentit à mes oreilles, et il me sembla que mon cœur cessait de battre. Etait-ce le bruit des ailes de mon ange? était-ce un pressentiment de malheur ?... La porte s'ouvre, je me trouve sous le portique de *sa* maison. J'entrai dans la loge d'un air embarrassé, je rougissais; mais en voyant un vieil homme courbé sur un habit qu'il raccommodait, je m'assis, et prenant courage :

— N'avez-vous pas ici des étrangers? lui dis-je. Cette question, faite par un jeune homme décoré, sortant d'une voiture élégante, l'intimida. « Monsieur, répondit-il, tous nos locataires sont de fort honnêtes gens, tous tranquilles, et le gouvernement...
— Il ne s'agit pas de gouvernement, répliquai-je, en lui glissant une pièce d'or, je veux seulement avoir des renseignemens sur un vieillard, une jeune fille dont le visage est blanc... Alors le concierge remua sa tête chenue d'une manière significative,

et me dit : « Le vieux bon homme se nomme Wann ; je ne crois pas que la jeune personne soit sa fille, mais il y a quelque mystère là dessous : on ne les voit jamais ; ils sortent rarement ; ils sont Anglais, demeurent au second. Ce sont de fort honnêtes gens, ça ne fait point attendre son terme, mais ça n'est pas riche : M. Wann copie de la musique, et la jeune fille joue toute la journée de la harpe. Je n'en sais pas davantage, car ils ont une domestique nommée *Nelly*, qui ne parle pas plus qu'un mur. »

« Après cinq ans la voix cassée du vieux portier retentit encore à mon oreille, et le souvenir de cette scène est aussi frais que si elle s'était passée hier, tant ma mémoire est puissante quand je l'interroge sur les moindres détails de cette longue ivresse.

J'accourus à Annibal, comme s'il eût été chargé de penser pour moi. Il écouta gravement le récit que je lui fis et se mit à jouer une de ces scènes où le valet cherche à démontrer à son maître embarrassé la fertilité de son génie. Je le pressais de me trouver quelque expédient, et il termina ses plaisanteries en me disant : « Cherche *la Bataille d'Hastings!* »

La Bataille d'Hastings était un mauvais opéra que nous avions fait ensemble à l'école Polytechnique, et quand il prononça cet arrêt, je le suppliai de ne pas se moquer plus long-temps de ma souffrance; il répondit par sa phrase : « Cherche *la*

Bataille d'Hastings ! » J'eus mille peines à trouver ce manuscrit jeté parmi nos papiers inutiles.

« Ne vois-tu pas, s'écria Salvati en saisissant l'opéra, que c'est à cette œuvre que nous devrons le bonheur de contempler miss ! miss ! oh, dame ! miss la pâle ! En effet son père, véritable ou putatif, copie de la musique : alors il est musicien ou copiste ; si c'est un copiste, il est misérable, et nous enlevons la fille ; s'il est musicien, il est encore plus misérable, et nous enlèverons encore la fille pendant qu'il fera la musique de l'opéra.

—Salvati, lui dis-je, partage mon respect pour *elle*, ou je te renie pour mon frère.

—Oh ! oh ! cela devient sérieux ! mais, mon pauvre Horace, poursuivit-il, rends justice à ce dilemme triomphant. Sir Wann est-il copiste, tu iras voir copier toutes les partitions de ton compositeur; est-il musicien, ce sera certainement un Amphion et tu le conjureras de prendre la lyre pour donner quelque prix à ton poëme. Je te ferai même une musique baroque que tu lui porterais à copier, dans la première hypothèse, ou dont tu serais mécontent dans la seconde. Il ne s'agit plus maintenant que d'enlever les suffrages du sénat comique en lui livrant des assauts réitérés au rocher de Cancale. — Salve, mon cher Salve, lui dis-je en trépignant de joie, veux-tu me sauver la vie encore une fois, me guérir d'une fièvre qui me dévorerait, mets-toi sur-le-champ à l'ouvrage. Je suis incapable de raisonner, d'agir; je suis un enfant; prends mes lisières, et guide-moi. » Il sourit et tint parole à son sourire. Le comité ne résista pas long-temps à nos dîners, à notre crédit, à nos recommandations; enfin la pièce fut reçue; Annibal eut bientôt broché une musique d'écolier. Si pendant tout le temps que prirent ces intrigues, je restai privé de ma lumière et dans une obscurité profonde, si je ne murmurai point de ne voir que les murs de *sa* maison, c'est qu'alors à chaque instant brillait l'espérance d'entrer dans le temple habité par *elle*. La nuit, le jour, à toute heure même, une ombre s'élevait devant moi, s'animait lentement, grandissait, s'enveloppait de vêtemens brillans comme le jour : et cette ombre, c'était *elle!* je la voyais non plus comme à l'autel de la Vierge, froide, calme, sans expression ; non, je donnais à sa pâle figure le ravissant sourire que je souhaitais, et souvent je disais à Salvati : « Vois comme elle est belle ! »

« Enfin par une charmante matinée d'automne, je partis pour la place Royale, accompagné d'Annibal qui me faisait répéter ma leçon. « Ne te trompe pas, me cria-t-il, quand il me vit descendre de voiture et courir sous l'arcade. « Montez au second, » me dit le vieux portier. Qu'on m'explique par quel phénomène ces paroles amenèrent la sueur sur mon front et la crainte en mon cœur. En gravissant l'escalier avec rapidité je sentais croître dans mon sein une chaleur humide et profonde. Arrivé en un clin d'œil à la porte, je m'arrêtai soudain comme si j'eusse rencontré un invincible obstacle, et dans le silence j'entendais les fortes et cruelles pulsations de mon cœur résonner comme des coups. Je sonnai en tremblant, et les sons qui retentirent dans cet appartement me causèrent cette douloureuse sensation qui nous saisit quand un bruit aigu rompt la profonde paix de la nuit.

« Une femme dont les pas traînans me chagrinèrent parut et m'introduisit sur ma demande. Une fois que j'eus mis le pied dans cet appartement, je fus comme un hébreu atteignant la terre promise, je respirai plus librement dans un air moins lourd; mais j'étais ébloui, et je ne recouvrai la vue qu'en me trouvant à mon insu assis devant le vieillard. « Que désire Monsieur? » Ces mots me réveillèrent en sursaut.

« Je crois me souvenir que mes yeux parcoururent alors la chambre avec une curiosité si avide qu'elle avait sans doute excité cette brusque demande; mais en ne voyant pas la jeune inconnue, la mémoire me revint, je répondis en rougissant et cherchant à répéter mot à mot la leçon de Salvati. — « Monsieur, j'ai l'honneur de vous apporter la musique d'un opéra... — Comment, dit-il en m'interrompant, ai-je l'honneur d'être connu de vous? je suis étranger... — Une dame irlandaise, lady Pagest, que j'ai le plaisir de voir

souvent, m'a beaucoup parlé de vous
et de vos talents...

« A ce moment, sa figure passive
jusque-là, parut s'animer, ses yeux
brillèrent, et je ne le trouvai plus
aussi laid. Les Irlandais... se-
crie-t-il, cela ne m'étonne pas, c'est
moi qui le premier fis connaître leurs
airs nationaux!... Et mon embarras
cessa, car j'eus assez de présence d'esprit pour deviner qu'il était musicien.

— « Monsieur, repris-je, voici le
motif de ma visite : l'opéra que je
vous présente est reçu au théâtre
Feydeau; le sujet en est pris dans
l'histoire irlandaise; et me plaignant
à lady Pagest de la médiocrité de
mon compositeur, elle me dit qu'elle
avait entendu parler par plusieurs
Irlandais de sir Wann : « S'il est ici,

comme on le prétend, je l'aurai bientôt découvert, ajouta-t-elle, et vous irez à lui, car c'est l'homme qu'il vous faut. » Hier au soir, Monsieur, j'ai su votre demeure et ce matin je suis accouru vous offrir mon poëme...

— Je n'ai jamais entendu parler de lady Pagest,... répondit-il, et je ne sais peut-être pas assez le français pour... Ces mots me glacèrent d'épouvante. « La bataille d'Hastings!... s'écria-t-il en prenant le manuscrit : oh, Erin! Erin (1)! (et il tremblait d'enthousiasme) pour toi, mon feu éteint se rallumera, et tout accablé que je puisse être sous le poids de la vieillesse et de l'infortune, pour toi, Erin,

---

(1) C'est le nom que les Irlandais donnent à leur pays.

je retrouverai la lyre de mon jeune âge!... » Sa physionomie était toute changée; elle annonçait de belles pensées dans le cœur, un noble langage sur les lèvres, de la sublimité dans l'âme. — Eh quoi! vous seriez malheureux? lui dis-je avec intérêt. — Et que vous importe? répondit-il avec la brusquerie anglaise. — Comment, m'écriai-je, n'êtes-vous pas un homme; et si votre infortune est de celles que l'or peut adoucir, lisez dans mes yeux, vous verrez que je me trouve heureux d'être riche, que j'ai un cœur, que vous l'avez gagné, que je suis tout à vous. Voyez mon front, est-il de ceux qui sont marqués du sceau de l'égoïsme! » Il me contempla en souriant avec ironie; puis, après un instant de silence, il me prit la main et me dit : — « C'est bien ! »

« L'homme vertueux a-t-il autour de lui, comme les fils des dieux mythologiques, un nuage qui le préserve de toute souillure, et celui qui l'approche entre-t-il dans une sphère céleste, ou leur âme laisse-t-elle échapper un divin fluide qui donne aux gestes, aux paroles une puissance magique? cette phrase me fit rougir. Je ne méritais pas de l'entendre, car ma générosité était toute de calcul, et j'expiai ma faute en vouant au vieillard une amitié désintéressée.

« J'aperçois là une harpe, dis-je en cherchant à cacher mon embarras, n'est-ce pas la vôtre, n'êtes-vous pas quelque barde déguisé?» et je regardais tour à tour deux portes, désirant bien vivement recueillir quelques renseignemens sur la jeune fille dont il m'était interdit de parler.

—Ce n'est pas la mienne, répondit sir Wann.

« A ce moment une des portes s'ouvrit et soudain l'inconnue parut; mais en m'apercevant elle se rejeta brusquement en arrière. Le vieillard lui dit alors quelques mots en anglais; et, tout interdite, elle s'avança lentement les yeux baissés, puis faisant une salutation embarrassée, elle s'assit à quelques pas de moi. Le frémissement de sa robe, le bruit léger de ses pas retentirent dans le silence comme les sons dont Schiller a dit : « On les sent comme une brise du soir ». « Croyez-vous, me dit sir Wann, que je puisse être tout-à-fait malheureux ? — Vous êtes marié ? lui demandai-je avec effroi. — Non, répondit-il en souriant, c'est mon Antigone. »

« La jeune fille leva ses longues paupières, et le remercia par un regard. Deux fois et à la dérobée, elle glissa sur moi ses yeux avec la taciturnité naïve des enfans qui semblent avoir peur à l'aspect des étrangers. A peine osait-elle faire un mouvement; et moi je ne jouissais pas du charme de me trouver auprès d'elle, car il y avait dans mon âme une sorte de stupeur semblable à celle que doivent éprouver les gens qui passent subitement de la misère à l'opulence; d'ailleurs je crus que j'allais rester là toujours. Bientôt la peur de paraître indiscret me prit et je me levai en demandant à venir savoir quelquefois des nouvelles de l'opéra. Le vieillard me répondit de manière à me faire croire que je ne serais pas importun. Je sortis, et ce fut alors que je me reprochai mon silence, ma précipitation à m'en aller, mon peu d'esprit; mais j'avais le cœur plein de joie.

« Mademoiselle, il n'y a dans ce récit nul charme, nul accident qui puisse vous le rendre intéressant, et cependant cette scène si rapide abonde de sentimens; ils y sont comme l'eau d'une source; mais comment vous les décrire? où trouver des images pour cette timide pudeur dont s'enveloppent nos premiers désirs, pour ce tressaillement intérieur devant une idole, et cette difficulté dans la pensée, dans la parole, et cette crainte dans les regards, cette audace dans les vœux, ce sourire fixe, enfin ce délire comprimé qui fatigue et que l'on aime? C'étaient, hélas! des émotions vierges dont le charme s'enfuit à jamais.

« Jusqu'ici j'avais aperçu cette jeune fille comme les images éphémères d'un songe, tout ce que je pouvais me dire à moi-même pour me rendre raison de mon ivresse, si toutefois je raisonnais, c'est qu'elle me semblait *la plus belle*; mais maintenant j'allais en quelque sorte marcher pas à pas dans son âme, reconnaître sans doute une de ces âmes sorties des sphères voisines de la sphère divine, en admirer les perfections, étudier les nuances de son caractère comme les mille beautés de son visage. Ainsi mon cœur ne passait pas d'un ciel à un autre sans en parcourir les brillantes merveilles; je montais de lumière en lumière jusqu'à cette région où les âmes brûlent du même feu.

« Je vous sauve, mademoiselle, le détail des teintes imperceptibles qui, de visite en visite, établirent une sorte de familiarité entre nous. Des volumes entiers ne suffiraient pas à décrire cette multitude de sentimens, de scènes intérieures, ces riens qui ont tant de prix, ces mots qui valent des discours. D'ailleurs, quelle expression pourrait peindre ces mystères des âmes qui, par une lente et graduelle succession de pensées, d'entretiens, se mêlent, s'infusent en quelque sorte, et deviennent une seule âme. Irai-je aussi vous expliquer ces autres mystères de la beauté vivante? vous dire quelle magique auréole se pose sur un visage adoré? la lumière est plus vive, l'ombre passe, les teintes se nuancent, l'iris de l'œil brille ou s'éteint, et chacun de ces accidens révèle une grâce nouvelle, peint un sentiment qui pénètre d'âme à âme comme le son dans l'écho; tout est voix, pensée, amour, et cette magie s'enfuit comme l'écharpe humide de la terre au matin; elle était là, elle s'est dissipée: le charme du lendemain n'est plus celui de la veille.

« Enfin, je passai presque toutes les soirées chez sir Wann, attiré nonseulement par la jeune fille, mais aussi par une certaine tranquillité dans la vie, par une égalité dans les manières qui me séduisait en eux. Leur appartement était toujours tenu avec la simplicité anglaise; les meubles brillaient par la propreté; ils semblaient immobiles; tout annonçait le calme, la paix de l'âme. Rien n'effrayait l'œil comme chez le riche, on y reconnaissait sur-le-champ je ne sais quelle secrète harmonie entre les êtres et les choses. Pendant longtemps la jeune fille resta dans son appartement, et cette conduite si opposée à celle qu'autorise la liberté des jeunes miss me causa le chagrin le plus vif.

« Enfin, le jour ou je crus être assez l'ami de sir Wann pour montrer un désir, je lui demandai de me faire entendre la jeune fille jouer de la harpe, car ce soir-là j'étais résolu de la voir. Sir Wann appela la jeune fille, elle vint. Elle était vêtue de sa robe de mousseline blanche, et ses cheveux noirs, tombant par des milliers de boucles, lui donnaient le charme dont la nature embellit ceux qui la laissent briller seule. « Vous allez voir, me dit sir Wann avec joie. » Elle s'assit devant nous, saisit sa harpe, leva les yeux au ciel avec une expression de génie et puis elle joua. Cette harmonie me pénétra comme la lumière quand elle traverse un corps diaphane; je ne me sentis plus vivre; mon âme n'eut plus qu'un sens; et, les sons, s'élevant d'abord comme un nuage de parfums qui monte au ciel, me parurent venir d'en haut, semblables aux voix entendues par les bergers de l'Évangile. Je restai dans une attitude de stupeur, retenant mon haleine comme si elle eut dû troubler le pèlerinage de ces divins accords. Elle jeta deux fois les yeux sur moi, c'était de la flamme. Quand elle se leva, mon regard inquiet la suivit. « Pourquoi ne reste-t-elle jamais, dis-je à sir Wann? — Depuis quelque temps elle est plus recueillie, me répondit-il. » Je tressaillis. « Est-ce que mes aiguillettes feraient peur à votre fille? lui répliquai-je. — Ce n'est pas ma fille. — Et qu'est-elle donc? pourquoi cette blancheur de figure? et quelle est votre histoire?...

— Chlora! s'écria-t-il, reviens, mon enfant, Monsieur est notre ami. » Elle vint s'asseoir en silence auprès de moi, voilant toujours ses regards de ses larges paupières, et quand elle les relevait, elle s'efforçait de regarder le vieillard comme si elle eût craint de me voir. Sir Wann me prit les mains et me dit avec onction. « Je vous crois bon, vous êtes notre ami, le seul que nous ayons dans Paris, je vais vous dire mon histoire. » Et alors, mademoiselle, il nous fit un long récit que je vais abréger.

« Il n'avait jamais été marié; et de sa nombreuse famille il ne lui restait qu'un frère, encore s'était-il écoulé dix-huit ans depuis leur dernière entrevue. A cette époque son frère partait pour l'Italie épouser une femme qu'il adorait, et la dissidence de leurs opinions religieuses les avait séparés sans qu'il eût reçu de ses nouvelles. « Voilà, dit-il en montrant la jeune fille, voilà celle qui me tient lieu de tout sur la terre, et son histoire est un épisode de la mienne. On donnait à Londres l'un de mes opéras lorsque la salle de Drury-Lane brûla. Mistriss Jenny-Duls, danseuse célèbre, eut une telle peur au milieu de l'incendie qu'elle mourut dans mes bras. Elle était grosse; et, dans le tumulte ne trouvant pas de chirurgien, j'eus le courage de pratiquer l'affreuse opération qui sauva cette chère enfant. Par un phénomène inexplicable, la pâleur de la mère a passé sur le visage de la fille, et c'est alors que je la nommai Chlora ou Chlore (1), voulant

---

(1) *Chlore* signifie *blanche*. Ce mot vient de χλωρος, adjectif grec. Constance, empereur romain, a porté ce surnom à cause de sa pâleur.

ainsi lui rappeler sans cesse qu'elle a été conquise sur la mort.

« Après cette explication, il reprit le cours de son histoire : le pauvre homme, jusqu'à trente ans, avait mené la vie délicieuse d'un artiste; attachant sa barque à tous les rivages, s'arrêtant où il trouvait le bonheur, fuyant à tire-d'aile quand les nuages du chagrin et de la douleur annonçaient un orage. Ne voulant que les fleurs de la vie, il fut épris de cette insouciance sur l'avenir, de cette inhérence au présent qui caractérisent l'existence aventureuse et pittoresque des lutteurs dans la carrière *olympique* « où pour Capitole, dit-il en souriant, nous trouvons souvent un hôpital magnifiquement bâti.

« Oui, mon jeune ami, continua-t-il,

j'ai cru, dans mon jeune âge, que tout en irait toujours ainsi : que les fêtes, les chansons, les festins, les amis et la vie oisive accompagneraient toujours le *convive du nectar.* Ces riantes idées sont vraies, sont belles à vingt ans; mais quand j'en ai eu cinquante il m'a fallu quitter le brillant palais que je m'étais construit. N'ayant pas fait de provisions pour mon hiver, j'ai voulu mettre à profit mes prétendus talens; j'ai trouvé ma veine glacée, ma verve éteinte; les amis, ainsi que je le fis peut-être moi-même aux jours de mon bonheur, s'enfuirent comme la lumière à l'approche de la nuit; les femmes ne me virent plus du même œil; je n'étais plus jeune et j'étais pauvre; n'avais-je pas mangé mon blé en herbe, en vendant chacune de mes productions aux directeurs de théâtre? et, les barbares! me laissèrent à la porte de leurs festins : j'avais la gloire, eux l'argent. Ainsi, je me trouvai bientôt, à l'âge de soixante ans, n'ayant plus rien que de charmans souvenirs et un grand fonds de philosophie. Aussi, loin d'accuser le ciel, je n'accusai que moi-même et je cessai même bientôt de me dénigrer en approuvant tout ce que j'avais fait, comme étant au mieux, par la grande raison que nous ne sommes plus maîtres du passé.

« Alors je résolus, à l'âge de soixante-six ans, de passer en France et d'essayer d'y faire fortune. Je vins à Paris avec Wann-Chlore, elle avait cinq ans. Cette chère petite me fut d'un rare secours, car il arrive un âge où nos affections et le besoin d'aimer qui brûle toujours un cœur tendre ne peuvent plus se porter sur les êtres qui charmèrent notre jeunesse; les femmes ont raison de nous fuir; un vieillard est un enfant gâté qui, à tous les défauts d'un homme, joint la tristesse d'un malade. A cet âge, celui qui n'a pas une âme à laquelle il puisse rattacher la sienne est un être complètement malheureux. On a bien des amis, mais y en a-t-il beaucoup... si j'en avais eu un seul, serais-je ici?

« A ces mots, je saisis la main du vieillard et notre attendrissement fut égal. Le moment de silence qui s'écoula nous laissa jouir de toute notre sensibilité et nos âmes s'entendirent comme celles de deux amis habitués depuis trente ans à penser ensemble. Wann-Chlore nous contempla avec des yeux humides de joie : ce n'était plus l'extase, mais la douce émotion de la prière.

« Et, reprit-il, même un ami environné de tout son cortége de sentimens, apporte-t-il à notre âme les plaisirs que l'on éprouve à cultiver la plus belle des fleurs, à jouir de la naissance de ses couleurs, à voir son lent épanouissement?.. Que de pures voluptés dans l'union d'un homme et d'une jeune fille, quand elle a pour but de guider dans la vie un être faible, un être pétillant de candeur, de grâces, de tendresse! On recueille la première flamme de ce foyer qui brille dans le cœur, on a ses premières caresses, son premier amour, et l'on s'échauffe au feu de ses confidences. »

« A cet instant je vis Wann-Chlore qui, la tête appuyée contre l'épaule de ce touchant vieillard, mêlant sa chevelure noire à ses longs cheveux blancs, me regardait avec un mol abandon, et de ses yeux à demi fermés s'échappait un doux rayon du ciel. « Tenez, me dit-il, croyez-vous que dans la nature il y ait quelque chose de plus enivrant que la pression par laquelle ma chère fille m'indique toute sa reconnaissance ? » Il la saisit, et, déposant sur son front un baiser de vieillard, un de ces baisers chastes et brûlans tout à la fois, il s'écria : « Oh, oui! tu me dois de la reconnaissance!.. non que je l'exige, ajouta-t-il en changeant de ton brusquement : mais ne t'ai-je pas inspiré de bonne heure ce qui fait le charme de la vie, une philosophie douce, une décente gaieté ? ne t'ai-je pas dotée d'une sensibilité profonde? et toi, ma fille, tu aimeras !.. Tu es religieuse, tu garderas ta parole ; et, dans telle situation que te mette le sort, j'espère que tu auras toute la force et la grandeur que le ciel laisse aux femmes; tu ne perdras jamais ces richesses-là, non plus que les talens que je t'ai donnés. Enfin, je t'ai légué tous mes trésors, mon enfant, assurant ainsi ton bonheur moral; le reste n'est pas en mon pouvoir, l'homme n'est maître que de son âme; les jours et leurs événemens appartiennent à Dieu.

« Aussi, mon jeune ami, nous a-t-il affligés ; vous saurez, dit-il en me regardant, que Paris me fut aussi funeste que Londres : j'acquis la triste certitude que partout où les hommes sont entassés, ils perdent en expansibilité ce qu'ils gagnent en nombre ; que plus il y a d'intérêts divers, plus il y a d'égoïsme. Ainsi je végétai long-temps, donnant des leçons d'anglais et de musique, travaillant à mon âge autant que je le pouvais... Je vous épargnerai le récit des événemens qui nous ont fait descendre par des lignes imperceptibles jusqu'à cet état de médiocrité, d'indigence, dirais-je, dans lequel nous végéterons désormais, car notre situation présente est triste. En rassemblant toutes mes ressources, j'ai à peu près

« réuni quarante livres sterling de rente qui nous suffiront j'espère, à moins, dit-il en me regardant d'un air ironique, que notre opéra ne nous donne une fortune ; mais, sans la refuser, je ne le souhaite plus. Avec notre système d'économie, une bagatelle est devenue une jouissance. Une parure pour Chlora, un meuble, choses qui feraient sourire un riche de pitié, nous procurent d'innocentes joies. Leur possession ne satisfait-elle pas une masse de désirs dont notre cœur a été long-temps ému ? et, dans la vie, le bonheur n'est pas autre chose. Qu'un homme attache du prix à la conquête d'un brin de paille, le souhaite, soit traversé dans son désir, s'expose à des dangers, il frémira de plaisir en saisissant ce fétu. L'âme est une fée, sous sa baguette le plus beau diamant, le dernier coquillage de la terre, sont égaux et prennent le rang qu'elle daigne leur assigner. Or, il faut songer que si la vie de l'homme est là (il montrait sa tête), elle est encore bien plus là (et il montrait son cœur).

« Vous voyez, mon ami, si je vous crois digne de ce titre, en vous dévoilant ce que nous fûmes, ce que nous sommes; en vous le disant je n'ai pas semé mon infortune dans un mauvais cœur, vous me comprenez?»
Il me serra la main.

« Tel est en substance, mademoiselle, le récit du vénérable vieillard. A chaque mot son âme tendre s'échappait de ses lèvres; il enchaînait par ses discours et il était impossible de l'écouter sans attendrissement. Je m'étonnais qu'il n'eût pas réussi en France; mais nous sommes si insoucians! Insensiblement la jeune fille s'était rapprochée de son bienfaiteur, et depuis le moment où elle l'avait pressé si tendrement, elle était restée sur son sein comme sous l'aile protectrice de la philosophie. Sa jeune tête aux contours frais et purs, ses cheveux abondans, sa bouche entr'ouverte, la naïveté de sa pose, tous les trésors de la vie qui brillaient en elle, formaient un riche contraste avec cette tête de vieillard, dont le large front ombragé par de longs cheveux blancs était creusé de rides parallèles, dont les yeux n'avaient plus qu'un feu sec, dont les contours étaient flétris. La jeune fille était là comme une violette éclose dans le creux d'un vieux saule.

« Les derniers sons de la suave musique encore errans dans mon oreille et mêlés aux dernières paroles du vieillard, ce tableau, le silence, le charme de cette soirée, avaient détruit en moi toute idée terrestre. J'étais prêt à dire comme les apôtres sur la montagne : « *Dressons une tente et restons ici !* » Nos regards se confondirent, et, pénétré d'attendrissement, je m'écriai les larmes aux yeux : « Et moi aussi, je suis orphelin !... » Alors l'accent de ma voix, les traits de mon visage, mon geste, eurent une magique puissance, car Wann-Chlore se leva soudain, et le vieillard, me tendant la main, me dit avec la voix de l'âme :

« Voulez-vous être mon fils ? » Je me précipitai sur son sein et l'embrassai. Quand je relevai ma tête, Wann-Chlore était là, des larmes la rendaient encore plus belle ; et, me prenant la main, elle me dit d'une voix tremblante : « Vous serez donc mon frère ! » Son attitude inspirait une douce confiance sans l'exprimer encore ; elle était émue, mais craintive. Sa tendresse n'avait-elle pas franchi la chaste enceinte de son âme ? aussi, toute confuse, elle baissa les yeux ; et, comme la Galatée de Virgile qui s'enfuyait pour être suivie, elle cacha sa tête dans le sein du vieillard.

« Telle fut sa première parole d'amour. Elle retentit souvent à mon oreille, mais alors elle tomba dans mon cœur comme le cri de grâce dans celui du captif. A ce moment elle sembla me tendre une main secourable, et nous entrâmes dans le même ciel. L'habitude de nous voir devint un besoin du cœur, et si, pendant long-temps timides l'un et l'autre, nos manières eurent je ne sais quel embarras ravissant, ce fut la source d'un charme nouveau. Ah! le malheur a voulu que nos mains moissonnassent la moindre fleur éclose sur les bords de notre chemin!

« Bientôt à notre insu, vint insensiblement une délicieuse entente dans la pensée, une même intention dans les mouvemens, une même vie dans les regards, une identité parfaite dont nous sentîmes les charmes sans pouvoir les définir. La timidité s'enfuit. Nous étions libres et livrés à cette précieuse facilité de pensées, d'actions qui existe entre un frère et une sœur. J'arrivais comme chez moi ; le vieillard et la jeune fille m'attendaient : parlait-elle, j'accourais ; souhaitais-je un regard, je l'obtenais ; nous avions les jeux de l'enfance, comme nous en avions la pureté ; enfin voulais-je entendre ses chants, j'apportais la harpe, et soudain elle satisfaisait à mon désir avec cette tendre soumission qui semblait m'accorder un secret empire. Aussi le moindre de ses signes était un ordre auquel j'obéissais avec une joie qui lui disait : « Je suis à toi ! » Chère nous fut cette ivresse et long-temps je savourai la douceur de ses regards sans lui confier mon bonheur ; et, se conformant à mon silence, Wann-

Chlore s'enveloppa dans une tendre réserve : mais cette chasteté d'âme formait un voile à travers lequel brillait son amour. Telle souvent une statue d'argent, sortant des mains de l'artiste créateur, jette une vive, blanche et pure lumière sous la gaze dont elle est enveloppée avant qu'on la produise aux regards.

« Mais la nature de mon caractère me condamnait à dévorer ces enivrantes délices avec la même avidité qui m'avait fait passer du bonheur de la voir en secret, à celui de venir vivre auprès d'elle; et, de cette joie, aux voluptueuses émotions de la folle Espérance. Je m'accoutumai trop vite, hélas, à cette vie d'innocence et de paix!.. Je voulais... Que voulais-je ? aujourd'hui je suis embarrassé de le dire, je suis honteux d'avoir si peu vécu dans ce matin de l'amour; et je ne peux expliquer cette progression dans mes désirs, que par un instinct terrible qui pousse toujours l'homme vers de nouveaux rivages. Eût-il l'univers tout entier, son œil inquiet se tournerait vers les cieux. Je voulais alors savoir si j'étais aimé, je voulais savoir si cette chère créature était à moi!.. Et à qui pouvait-elle appartenir? J'étais le premier, le seul être qu'elle eût aperçu sur sa route.

« Aujourd'hui mille preuves d'amour reviennent à ma mémoire comme des remords : combien de fois elle resta sans faire un point à sa broderie, croyant travailler en m'écoutant; avec quelle naïveté elle contemplait mon uniforme; comme elle

tremblait en touchant les aiguillettes;
et comme elle tressaillait quand je lui
parlais ! Je n'étais pas content du
bonheur d'être *attendu!* de savoir
que dans un coin du globe, un être,
toute faiblesse et tout amour, me
voyait comme son seul protecteur,
me donnait tous ses soupirs; de loin,
entendait mes pas ; accourait à ma
rencontre; épiait un regard; conser-
vait dans son cœur chaque parole,
comme un monument, chaque sourire, comme une fête; et, par cet
entier dévouement, marchait vers la
perfection de l'amour sans croire
aimer. Je voulais plus! je voulais
qu'elle confessât son amour, quand
moi-même je ne l'osais pas encore.
J'étais comme ce monarque insensé
de l'Écriture, qui, possédant la Judée,

voulait s'enorgueillir de sa propre grandeur en comptant ses sujets.

« Un soir que ces idées avaient jeté sur mon front un voile d'inquiétude, sir Wann nous laissa seuls par hasard. Wann-Chlore était depuis un moment penchée sur sa harpe; et, rêveuse parce que je rêvais, elle en tirait des sons vagues comme nos pensées. Elle semblait badiner avec l'harmonie par maintien et pour cacher des craintes ; je n'osais parler, elle était muette. La lampe se trouvait placée derrière nous; alors la lumière, en glissant autour d'elle, la laissait presque dans l'ombre et sa chevelure enveloppait son visage; elle me regarda et tressaillit; je vins m'asseoir auprès d'elle et, levant mes yeux supplians vers les siens, je saisis sa main pour la presser doucement. «Oh! s'écria-t-elle, Horace, ne me prenez jamais ainsi la main!...» Elle quitta sa place et courut s'asseoir loin de moi. Alors je pleurai : m'observant à la dérobée, elle revint avec un délicieux abandon, en voyant couler mes larmes, et tout émue, me dit : « Horace, vous aurais-je fait de la peine. — Oui, répondis-je. Elle parut en proie à une vive douleur. « Ecoutez, chère Chlora, repris-je en la regardant avec une tendre sollicitude, nos âmes s'entendent et nous ne parlons pas; n'y a-t-il pas entre nous un monde de pensées qu'un mot peut détruire comme un rayon de lumière dissipe la nuit?» «Oh, oui!» dit-elle avec naïveté. «Eh bien, continuais-je, m'aimez-vous comme je vous aime ? » « Oui, » répondit-elle avec un sourire d'innocence et une simplicité d'attitude qui m'imprimèrent un respect profond. « Mais, m'aimez-vous comme je vous aime, autant que je vous aime? « Je ne sais, dit-elle avec un regard où se peignaient confusément la pudeur et l'amour, mais je croirais que c'est plus, car je ne vous aurais jamais demandé si vous m'aimiez. » Pourquoi ? répondis-je dans mon désir de prolonger le charme de cette scène. — Parce que j'en étais sûre !— Ange céleste ! m'écriai-je ; et, poussé par mon ivresse: « N'y a-t-il pas, lui dis-je, une dissonance entre ce *vous* et j'aime? Est-ce là le mot du cœur ? »

« Elle baissa les yeux qu'elle releva soudain pour me regarder avec un embarras qui peignait son amour; puis voyant encore une fois ses regards, elle s'assit en silence, semblable à ces généreux coursiers qui se couchent quand on leur demande une tâche au-dessus de leurs forces, et elle pleura. Je tombai à ses pieds : « Reçois, donc, m'écriai-je, le don de mon âme, sois ma sœur, sois *ma femme !* je t'aime, et pour toujours !... »

« J'ignore le torrent d'idées que j'exprimai, mais je sais qu'elle pleurait de joie et que je tenais ses mains embrassées, lorsque sir Wann entra... Wann-Chlore ne changea pas d'attitude, elle reporta seulement ses yeux brillans à travers ses larmes sur son protecteur immobile qui nous regardait avec inquiétude.

« Ami, dit-elle, je t'ai écouté!... sans le faire taire, ajouta-t-elle en se retournant vers son père; j'ai pris plaisir à t'entendre!... Oh! mon cœur en est gonflé! Il m'a semblé, Horace, que tu parlais pour moi... Ah! ajouta-t-elle, je t'aime depuis long-temps!

« — Mauvaise, dit M. Wann en l'interrompant et venant s'asseoir entre nous deux, pourquoi donc me l'avez-vous nié l'autre jour?...

« — Mon père, dit-elle avec un sourire tout à la fois plein de la finesse d'une femme et de la naïveté d'un enfant, c'est que je voulais le dire, à lui, le premier...

« — Enfans! s'écria sir Wann avec le sourire de la vieillesse, aimez-vous... soyez heureux! Jeune homme, me dit-il, quand tu ne l'aurais pas aimée, j'aurais été à toi un jour ; et, te prenant la main, je t'aurais dit : « Ami, tu as une belle âme ; je l'ai reconnue au seul son de ta voix, à un geste, à ton front ; sans cela tu ne serais pas mon ami. Écoute : Chlora est un ange, épouse-la. Tu l'aurais épousée. Vous auriez été heureux parce que vous êtes nés au même ciel ; aujourd'hui je réponds de votre bonheur ; je suis vieux, et les vieillards voient quelquefois dans l'avenir, ils en sont plus près que tous les autres. Mais, mes chers enfans, je n'aurais pas parlé sitôt que vous ; j'eusse attendu quelques années ; vous êtes trop jeunes : Horace, à peine es-tu majeur, et Chlora n'a pas encore seize ans. Va, mon ami, cours au champ d'honneur, sois brave, ne te fais pas tuer, car elle mourrait, je la connais; mais sois brave, acquitte ta dette envers ta patrie, et reviens : tu trouveras Chlora telle qu'elle est aujourd'hui... Je serai son protecteur, jusqu'à ce que je l'aie unie à une plus durable protection... Mes chers enfans, ajouta-t-il en nous rassemblant sur son sein, vous ferez le plus beau couple de la terre!...

« Wann-Chlore leva les yeux au ciel et les reporta sur moi, en tenant la main du vieillard; et cette muette réponse, qui disait : « après Dieu, c'est toi!... » Cette attitude, ce groupe... Ah! je vois tout encore... malheureux !

« Comme deux anges qui vont en mission sur terre, et s'ignorant l'un l'autre, ne se reconnaissent qu'au moment où la flamme céleste brille au-dessus de leurs têtes, nous avions été deux mois entiers livrés au charme de marcher de jouissance en jouissance dans une carrière au milieu de laquelle la Religion et la suave Musique nous avaient servi de tendres interprètes; réunis maintenant, nous confondîmes nos cœurs en un seul et dès lors s'ouvrit une ère nouvelle de sentimens plus tendres. Nous allions parler cœur à cœur, nous étions amans! Voilà, mademoiselle, comment la vie s'est ouverte pour moi, voilà comment le malheur m'accueillit! »

A cet endroit Eugénie s'arrêta, ses larmes l'empêchaient de lire, son cœur était gonflé, elle respirait à peine, et une vague douleur errait dans son âme. « Que leur est-il donc arrivé?... » se dit-elle tout émue de l'expression de cet autre amour. Elle reprit bientôt.

« Le reste de cette soirée, la plus délicieuse de ma vie, fut en rapport avec le bonheur qui l'avait commencée. Wann prit sa harpe et joua d'inspiration, et ma tête me semblait trop lourde à porter en entendant cette harmonie divine qui respira la gaieté des anges, l'amour et sa gracieuse ivresse.

« Le lendemain, quand je racontai cette scène à Salvati, ses yeux brillèrent d'un éclat inusité; il me sauta au cou, m'embrassa et me dit : « Horace, tu es heureux, toi!... tu as trouvé le plus grand bien!... oh! j'en suis presque heureux; ne suis-je pas ton ami, ton frère?... Tu es aimé et je ne le serai jamais, moi!... où trouver une autre Wann-Chlore!

« Oh! lui dis-je, j'avoue qu'elle est unique!... » Je m'arrêtai en lui en parlant, car je vis ses yeux se remplir de larmes.

« Il me serra la main pour me remercier de mon silence et me dit avec une expression de voix que je n'ai point oubliée, car elle m'a dévoilé toute son amitié : « Je ne puis plus être ton confident, ton bonheur me tue!... attends que je sois aimé!...

« Noble ami, lui dis-je, ton amitié, celle de mon tuteur, celle de sir Wann, et... l'amour de Chlora, c'est trop de bonheur pour un seul, oh! que je vive!... nul n'est plus heureux sur terre!

« Dès-lors mes jours se passèrent tout entiers auprès de sir Wann et de sa fille adoptive. J'abandonnais mon hôtel dès le matin, pour n'y rentrer que le soir. Les jours nous paraissaient des heures et les heures des minutes. Je ne suis jamais entré dans la chambre où elle demeurait sans voir errer le plus doux sourire sur ses lèvres adorées. La naïve liberté qui régna dans nos discours, dans nos enfantines caresses pouvait être avouée devant les anges. Jamais il n'y eut sur terre d'amour plus pur, plus vivement senti; il n'y avait plus deux êtres : mille fois ma pensée fut prévenue par la sienne, comme mille fois nos mouvemens furent ordonnés par la même volonté. Que d'heures entières nous passâmes à nous voir, en silence, détachés de toute affection terrestre, comme dans un rêve ou comme lorsqu'on regarde le ciel.

« Un souvenir entre tous les autres est resté dans mon âme comme une éternelle pensée. Elle était occupée à broder et je baisais à la dérobée tout ce dont elle se servait!... Elle me voyait bien mais elle feignait de l'ignorer et riait. *Elle riait!..* Je crois être fou en me rappelant ce rire, je songe que ce charme est indescriptible; c'est comme une étoile, il faut la montrer! Une lueur surnaturelle semblait l'environner, ses cheveux contenaient une rose blanche au-dessus d'un front plus éclatant que la fleur. Sa pose virginale n'excluait en rien l'amour qui brillait dans ses yeux, et sa tête, doucement penchée comme pour fuir un regard qu'elle savourait avec bonheur, ajoutait à toute sa personne une grâce que l'on croyait deviner pour la première fois... Le jour, car elle était placée dans l'embrasure d'une croisée, passant à travers des rideaux d'une douce mousseline, ne tombait que sur elle, et semblait la caresser doucement ; tout à coup elle se retourna, et, tirant de son sein une petite croix noire qu'elle portait toujours, elle me dit : « Embrasse plutôt ce gage d'un autre amour et je pourrai confondre mes deux cultes en un seul!... » Je couvris la croix de caresses, mais emporté par mon ardeur, je déposai sur sa main un baiser brûlant.

« Elle la retira avec un petit geste d'humeur et me dit : « Horace, c'est trop !... » Le feu s'échappa de ses yeux comme un éclair quand elle ajouta : « Tu me fais mal ! n'est-ce pas assez que je t'aime !.. » Il faudrait l'avoir entendue pour apprécier cette pudeur, charme toujours nouveau ! Laisser voir son amour trop brûlant lui paraissait un crime, et un jour elle déchira une lettre pour éviter de me la montrer. « Elle m'aurait donné de l'orgueil, » disait-elle.

« Honteux à mon tour, je m'en allai à côté de sir Wann qui écrivait sa musique et je me mis à regarder les notes qu'il traçait en fredonnant. « Jugez-moi, lui dis-je à voix basse, suis-je coupable pour lui avoir embrassé la main ?... — La question, me dit-il en souriant, est difficile à résoudre ; elle est et n'est pas votre femme tout à la fois; mais ne vous plaignez pas de sa colère, dit-il en s'interrompant et il se retourna vers elle.

— Elle méconnaît, dis-je assez haut, la nature de l'amour qu'elle m'inspire; c'est l'adoration la plus pure; et cette caresse, toute d'âme, ne peut... A ce mot, je sentis deux lèvres de rose se poser sur mon front. Je me retournai sur-le-champ, je vis Wann prosternée, disant, avec un accent comique plein de reproche, d'amour et de gaieté : « Aurais-je offensé mon maître ?... Là, elle conciliait sa chaste réserve et son amour; là, elle brillait de ce charme que nous trouvons à notre maîtresse quand elle franchit une barrière sans que sa vertu en soit ternie, sans que son amour s'en affaiblisse...

« Mais cette scène est dénuée de vie. Enfin chaque minute en amenait une semblable et toutes étaient marquées par la plus douce folâtrerie. Je ne m'attache, mademoiselle, à vous peindre ce profond amour sous tous ses aspects, dans toutes ses phases, que pour vous rendre la catastrophe plus horrible peut-être; mais aussi pour vous grandir à vos propres yeux, quand vous songerez que je vous confie mon bonheur, après avoir été trahi par Wann-Chlore.

« Cette intimité presque conjugale nous faisait connaître l'un à l'autre, et chaque jour nous nous confessions innocemment que notre amour croissait, à notre grande surprise. Wann-Chlore s'était imposé la loi de se conformer à mon caractère. Elle me disait souvent qu'elle se surprenait à désirer souffrir pour moi. Elle développa sa gaieté parce que la gaieté me plaisait et cependant la mélancolie avait des charmes pour elle ; car à elle, plus qu'à tout autre, il appartenait de rire comme les anges et de pleurer comme eux. Elle sacrifiait ainsi ses plus chères pensées à mon bonheur. Elle aurait, disait-elle, voulu rassembler toutes les perfections pour moi, et la nature les lui avait données à profusion.

« Ce soin perpétuel de Wann-Chlore à satisfaire mes désirs, ce contentement de voir mes pensées les plus fugitives devenir la loi sacrée d'une créature plus parfaite que moi ont peut-être flatté mon jeune amour propre outre mesure, et peut-être est-ce la cause secrète de ce charme qu'elle avait pour moi. Quoi qu'il en soit, le son et l'écho, deux glaces polies se renvoyant le même reflet, sont d'imparfaites images de notre union, elle était arrivée à toute la perfection que nos sentimens peuvent avoir sur cette terre. Irai-je évoquer parmi mes douloureux souvenirs d'autres scènes pour vous convaincre de la supériorité de cette trop chère créature ? j'ajouterais à mon chagrin, et vous n'auriez que de faibles idées de cette vie céleste. Ah! mademoiselle, croyez plutôt que Wann-Chlore n'avait d'autre mérite que celui de me plaire; que j'étais aveugle, et laissons périr la mémoire de tant de bonheur!

« Un jour j'arrivai plus tôt que de coutume, Wann-Chlore avait encore ses cheveux emprisonnés dans quelques fragmens de l'ouverture de notre opéra. « Sainte Thérèse !.. dit-elle en riant, quand vous parliez à Dieu vous ôtiez vos papillotes?.. Dieu me préserve donc de paraître jamais devant le roi de la terre sans être parée!.. » Et elle s'enfuyait avec un ensemble de gestes et de peureuses précautions, me regardant, m'évitant, de manière à exciter cette folâtrerie si douce pour le cœur; et, murmurant, elle disait : « Il ne m'arrêtera pas, vous verrez que j'aurai la honte de courir à lui! »—O Wann !.. tu t'arrêteras!.. lui dis-je. Elle me regarda, restant stupéfaite d'apercevoir des teintes de chagrin répandues sur mon front. J'avais reçu l'ordre de partir et je ne savais comment le lui apprendre. Elle accourut près de moi, m'amena vers son père, et, me prenant la main, me dit : « Qu'as-tu donc?.. » avec un accent, un regard, une contenance, qui me donnèrent une plus haute idée de son amour que tout ce qu'elle avait répandu de bonheur, de grâce et de gentillesse sur les deux mois et demi que j'avais passés auprès d'elle. Quelquefois une voix m'éveille la nuit et j'entends : « Qu'as-tu donc? » Wann est là, avec son geste, son regard... Je la vois et je frissonne, il me semble qu'elle me dise : « *Je t'aime toujours.* »

« Le vieillard dit en me regardant avec anxiété : « Je ne vois pas dans la nature de malheur pour nous!...

— Il réside dans un seul mot, lui dis-je. L'horreur régnait, le silence était si grand! qu'on ne peut le comparer qu'à leur attente. — « Je pars!...

— Ce n'est que cela!... s'écria Wann en voyant son père pâlir. J'ordonne, dit-elle, à tous les boulets, balles, obuses, mitraille et toutes autres inventions de l'enfer de respecter cette tête chérie, parce qu'elle appartient à un ange!... et s'il y a des régimens entiers devant toi, tu les vaincras, parce que je serai avec toi; je volerai au-devant des dangers pour les prévenir; et je rirai bien lorsqu'après la campagne je tiendrai sur mon sein une tête couverte de gloire! » La nature avait fait là un trop grand effort, les plaisanteries étaient dites froidement; elle tomba

sur moi, presque rouge, en disant :
« J'étouffe, et j'ai froid!... » Je la réchauffai dans mes bras, je la couvris de baisers. Elle revint, et voyant mes yeux lui sourire, elle sourit à son tour. « Il y est encore!... dit-elle avec un reste d'effroi ; oh! ajouta-t-elle, ne nous quitte pas d'une minute jusqu'au moment fatal. »

Cette crainte de Wann-Chlore répandit sur les derniers instans que nous avions à passer ensemble, une mélancolie qui me montra combien je lui étais cher. « Ne viens plus en uniforme, » me dit-elle un jour après avoir embrassé mes épaulettes sans que je m'en fusse aperçu. Ordinairement le soir, elle me disait *adieu*, désormais elle ne prononça plus ce mot cruel. Il ne lui échappa aucune plainte, elle fut même parfois gaie, affectant une force qu'elle n'avait pas. Elle joua de sa harpe avec enthousiasme, elle fit briller l'exaltation de son âme, mais il n'y avait plus cette harmonie secrète dont la cause première est dans le cœur. Elle me regarda bien avec le même sourire, mais il y avait dans ses yeux un voile inexplicable de tristesse.

« Un soir elle dit, même au milieu d'une conversation qui ne roulait pas sur mon départ : « Cette guerre me sera fatale!... » Elle s'habilla avec la même recherche, mais il y eut quelquefois des oublis dans sa toilette. Elle voulut un jour que je lui amenasse le cheval que j'avais acheté pour l'armée; elle descendit dans la cour; le caressa et le flatta. Une autre aurait accusé le chef du gouvernement, se serait plainte de son ambition, de son insatiable cruauté; elle était Anglaise, elle l'aurait pu... non, elle gémissait en secret et n'accusait personne. Je me trompe, elle s'accusa maintes et maintes fois que son amour lui eût fait négliger ses devoirs religieux et craignit d'avoir mécontenté le ciel.

« Horace, me dit-elle un soir, ce matin j'ai été à Saint-Paul, je me suis assise sur *la même chaise*, j'avais le même livre, c'était la même église, le même Dieu, les mêmes prières; hé bien, ce n'était plus la même chose, je mêlais involontairement d'autres idées à ma méditation sainte, les mêmes paroles n'avaient plus le même sens pour moi; enfin j'ai senti que je ne pouvais plus prier sans toi!... alors, ajouta-t-elle, j'ai dit à Dieu que c'était lui qui m'avait donné mon amour et qu'il ne nous condamnerait sans doute pas!...

« A chaque moment, il sortait de sa bouche et à son insu les paroles les plus tendres et les plus touchantes; elle était née pour aimer. L'on voyait que la douleur causée par mon départ était une idée permanente qui se trahissait en tout et malgré elle. Sa harpe disait : « je souffre !... » Son attitude le redisait encore; le son de sa voix indiquait sa peine; son regard en était empreint; elle s'asseyait comme une personne à qui tout est insupportable, et ce spectacle ne m'apportait, comme à elle, que douleur, une douleur plus forte même, car je la voyais s'efforcer de me sourire comme autrefois.

« Pour sir Wann, il ne craignait pas de se plaindre, et la douleur de ce vieillard était effrayante; elle ressemblait à celle d'une mère qui, dans un incendie, voit périr son dernier enfant; il me suivait des yeux comme s'il ne devait plus me revoir; rien ne pouvait le rassurer; il était triste, morne, abattu.

« Enfin le jour fatal arriva; lorsque Wann et son père me virent entrer en habit de voyage, elle s'écria : « C'est donc vrai!... » Elle resta immobile et plongée dans toute l'horreur de cette situation terrible, quand on trouve le désespoir là où l'on voudrait encore du doute.

« Je devais dîner avec Wann-Chlore et son père : nous dînâmes, c'est-à-dire que tous les trois nous fûmes assis autour d'une table sur laquelle on servit des mets : « Qu'il parte!... » s'écria Wann avec un geste d'horreur;

et elle s'enferma dans sa chambre sans qu'aucune prière pût l'en faire sortir. « Horace, disait-elle, que je n'entende même pas ta voix!... » J'embrassai M. Wann et je partis. Alors j'avais froid jusqu'au cœur.

« Telle fut l'aurore d'un amour qui dura cinq années, toujours aussi pur. Jamais deux âmes ne s'emparèrent l'une de l'autre avec une telle force. L'amour, la jeunesse, la beauté, l'opulence, radieuses, m'ouvraient le seuil de la vie, de cette vie en comparaison de laquelle toutes les autres ne sont que ténèbres. Avec quelle fierté je regardais autour de moi, en contemplant la masse d'hommes au sein de laquelle je marchais !..

« La veille de mon départ, j'avais indiqué à Wann-Chlore et à son père, Salvati, comme un ami dévoué dont la place au ministère de la guerre devait nous être d'un grand secours, et il leur rendit en effet d'importans services, à moi, de bien cruels!

« Au moment où je partais, nous nous trouvions vers la fin de l'année 1808, je me rendais à l'armée d'Allemagne; et par la suite, je passai en Espagne, pour n'en sortir que furtivement au commencement de la fatale année de 1814. Vous savez, mademoiselle, combien ces cinq années furent orageuses; j'obtins rarement des congés, et lorsque j'arrivais à Paris, je consumais toutes ces journées de grâce au sein de l'amour. Telle vous avez vu Wann-Chlore, telle elle fut toujours. Il faudrait vous répéter les mêmes idées. Afin de m'éviter de continuer à écrire une histoire dont chaque événement renouvelle mes douleurs, je vais vous joindre ici la correspondance de mon ami Salvati; je vous choisirai parmi ses lettres celles qui vous suffiront pour connaître la suite de mon histoire; mais n'attendez pas de moi que je vous donne une seule de ces lettres de Wann-Chlore dont il sera question. Elles sont soigneusement cachetées et jamais leur fragile enveloppe ne sera brisée par moi. Je ne puis même, sans une émotion profonde voir l'endroit où elles sont déposées; alors mes yeux sont comme éblouis, ma tête se trouble, je me sens embrasé par un feu dévorant, Wann-Chlore est là vivante, elle me parle, je la vois, il faut sortir car je succomberais sous le faix trop pesant de terribles souvenirs.

FIN DU TOME DEUXIÈME.

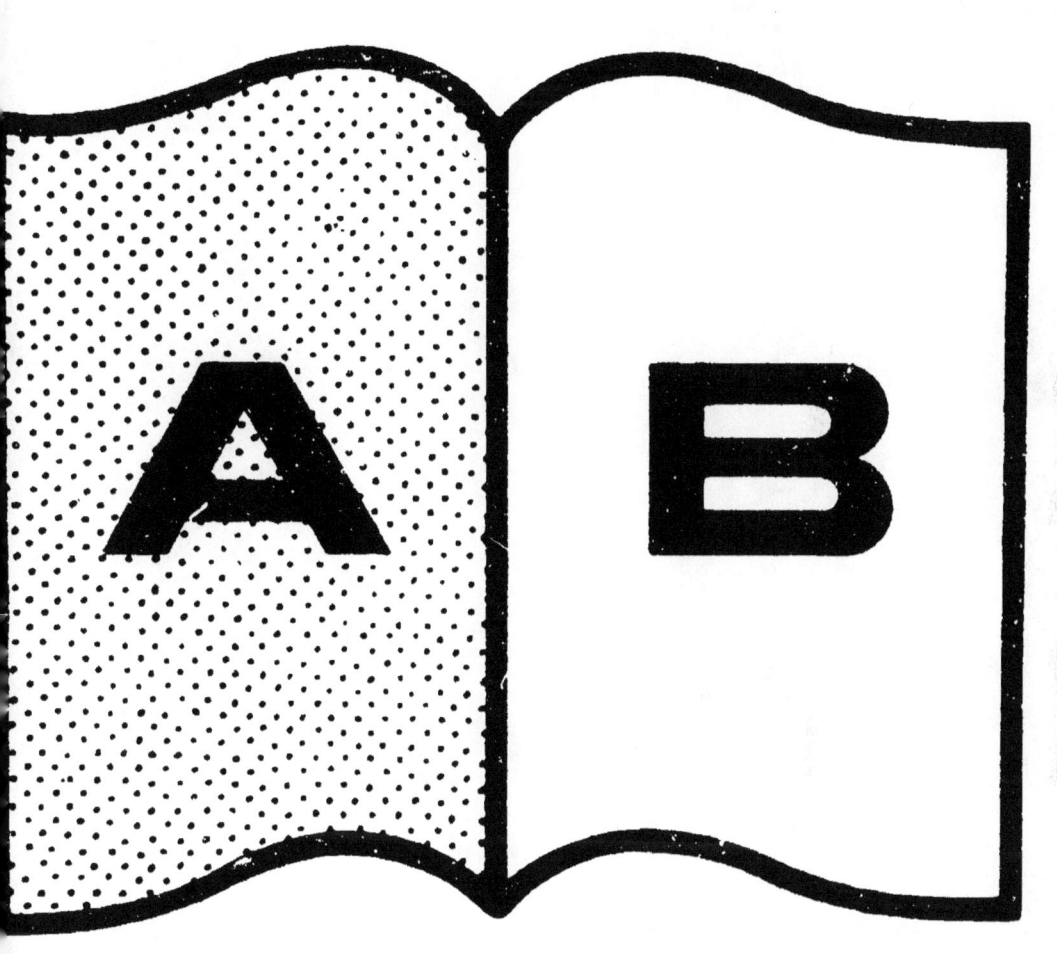

Contraste insuffisant

NF Z 43-120-14

www.ingramcontent.com/pod-product-compliance
Lightning Source LLC
Chambersburg PA
CBHW050330170426
43200CB00009BA/1529